費用負担の経済学

地方公共交通の歴史分析

関谷次博

学文社

はしがき

　企業経営において，「費用」といえば，売り上げから差し引かれ，利益がもとめられるため，いかに費用をかけずに売り上げを高めるかということに主眼が置かれる。したがって，本書のタイトルにある「費用負担」ということはなるべく避けなければならない。このことは，本書の副題にある公共の分野でも同じことである。費用対効果の乏しい無駄な公共事業への予算は，カットすべきというのが今日の流れである。

　私は，本書を通じて，費用は削減すべきものではなく，大いに費やし，皆で負担しようと主張するつもりは毛頭ない。企業が取り組むコスト削減や合理化には意義があり，企業経営上，必要不可欠なものだと理解している。

　ある時，こんなことを考えてみた。2020年に東京で開催されるオリンピックに関して，巨費を投じて建設されるスタジアムをめぐって，街頭インタビューの様子を報じたニュース番組を見た時のことである。インタビュアーから質問を受けた人たちからは，国が負担すべきとか，東京都が負担すべきとか，さまざまな意見が出された。必要なものではあるが，その費用負担をめぐって，「誰が負担すべきか」で意見が分かれたのである。同様の例は，リニア新幹線の駅開設をめぐる県とJRの負担をどうすべきかといった問題の時もそうであった。

　出された意見の多くは短絡的なものであった。スタジアムは東京に建設されるのであるから，東京都が負担すべきであるとか，当該県に駅が開設されるのであれば，該当する県が負担すべきであるとかといった具合である。地理的にも狭い，時間的にも短い視点からしか物事を見ていない。たしかにオリンピックのためにスタジアムは建設されるのかもしれない。最大の恩恵を受けるのは駅が開設された県かもしれない。しかし，オリンピックが終わった後も，将来にわたってスタジアムをどのように活用していくかを考えなければならないし，

受ける恩恵は決して駅が開設される県だけではない。

　費用の負担を押し付けあってはならない。将来にわたって維持・存続させていくために，誰が，どのように費用を負担すべきか。長期的な視点でもって考えてみよう。これが，本書を通じて伝えたいメッセージである。

2014年5月吉日

　　　　　　　　　　　　　　　　　　　　　　　　　　　　著　　者

目　次

序章 ——————————————————————————————————— 1

第1章　地方鉄道の利用者 ——————————————————————— 7
第1節　乗車人員の推移　8
第2節　鉄道路線の混雑状況　11
第3節　沿線人口の及ぼす影響：沿線人口とマイカー　15

第1章のまとめ　19

第2章　鉄道会社の経営 ——————————————————————— 21
第1節　交易鉄道道路線網の形成—名古屋鉄道（名鉄）の事例—　21
　1．愛知電気鉄道，名古屋鉄道，美濃電気軌道の概要　22
　2．名鉄誕生の背景としての福沢桃介の関わり　25
　3．名鉄の誕生と合併の効果　34

第2節　鉄道会社の多角化　36
　1．鉄道会社による電気供給事業　36
　2．戦前期鉄道会社の地域開発　38
　3．戦後地方鉄道会社の事業転換　47

第2章のまとめ　50

第3章　鉄道建設・運営における政府介入 ————————————————— 55
第1節　鉄道における政府補助金の概観　55
　1．補助金の歴史と概観　55
　2．中部圏における地方鉄道への政府補助金の動向と使途　59

第2節　政府補助金の弊害　—北恵那鉄道の事例—　63

1. 北恵那鉄道の開業から路線延長申請・却下までの経緯　63
　　2. 企業行動の分析　69

　第3章のまとめ　75

第4章　鉄道と沿線地域住民の関係 ──77
　第1節　鉄道建設・運営における地域住民の利害関与
　　　　　─北恵那鉄道の事例　77
　　1. 鉄道建設と地域住民　77
　　2. 北恵那鉄道建設における出資　78
　　3. 北恵那鉄道のガバナンス　86

　第2節　地域利害の希薄化─路面電車の存廃をめぐる住民世論─　94
　　1. 路面電車開廃業の歴史─フランスと日本─　94
　　2. 高度成長期における路面電車廃止　96

　第4章のまとめ　105

終　章 ──109
　補論1　「地域住民の足の確保」として存続する第三セクター鉄道
　　　　─明知鉄道の事例── 113
　補論2　出産・育児問題を解く
　　　　─長期の費用負担の仕組みへ── 119

あとがき　123
参考文献　125

索　引　129

序章

　本書は，地方において公共・公益事業を存続させる方法について，歴史分析の結果から提言しようとするものである。公共・公益事業の対象としては鉄道事業であり，中部圏（愛知県・岐阜県）の個別鉄道会社を事例にとりあげるが，なかでも大正期創業以来の膨大な資料の所在が確認された北恵那鉄道（現在は北恵那交通）について，同社資料を用いた実証分析を多く取り入れている。

　地方の問題は，都市に比べた人口の少なさに生じるものである。過疎化がすすむと，少子化がおこり，少子化の結果，高齢化をまねくというものである。そのため，地方自治体の歳入は減少するものの，福祉・医療に関する費用が増えることで歳出が増加し，財政がひっ迫する。そうなると公共・公益事業を維持・存続させるための費用を賄えなくなってくる。「住民の福祉を増進する」目的をもった公共・公益事業の多くは，政府ないしは自治体によって運営されてきた。地方鉄道がたびたび「地域住民の足」として公共・公益性が唱えられ，政府・自治体の補助を受けてきたのもそのためである。しかし，とりわけ地方自治体において費用を賄う余力がなくなってくると，必要性の高いものを選定し，利用の少ないものへの補助をカットする。そうなると，もともと利用の少ない赤字に苦しむ地方鉄道がターゲットとされ，たちまち廃線に追い込まれることになる。

　都市部を走る鉄道であれば乗降客数が多いから，それだけ多くの収入が見込まれる。他方で，地方を走る鉄道は通勤・通学時間帯を除いた日中ともなれば利用者はほとんどいない。都市と地方の鉄道は，車両編成や運行本数，駅舎の大きさなどに違いはあるが，線路を敷いて電車を走らせるという点は同じであり，この部分については都市であろうと，地方であろうと同じだけ費用がかか

る。しかし，地方鉄道はこの大きな費用負担に耐えられるだけの収入が得られないため，採算を悪化させる。採算の悪い事業であれば，通常は誰もがそのような事業はやりたがらない。事業からの撤退が望ましい。ところが，鉄道の場合，採算性だけを考えて，その地方にとって唯一の交通手段がなくなることになれば，それに依存するその地方の住民は移動が制限されることになる。高齢化のすすんだ地方ではマイカーを使って移動することは困難であり，公共交通機関への依存度が強い。そうした場合，採算性だけを考えて廃止することはできず，維持・存続のための何らかの手段が講ぜられることになる。すなわち，利用の少なさによる影響を軽減するためには，それに左右されない他からの支援が必要となろう。

　それでは誰がその費用を負担することができるのかを考えてみよう。

　公共交通には非競合性や非排他性という特徴がある。一人の人間がその交通機関を利用したとしても，車両のキャパシティまでであれば他の者の利用を制限することはない。これが非競合性である。もう一つの非排他性とは，低廉な運賃を払いさえすれば誰もがその交通機関を利用することができるというものである。運賃を高く設定し，一部の者しか利用できないとすれば，非排他性という公共財の特徴はなくなってしまう。この点こそ，公共交通が利用者負担によって採算性を高めることの難しさである。したがって，公共交通はいつ誰でもが利用できるように，たとえ利用者がいなくともスケジュールに従った定期運行がおこなわれる。人々は実際に利用しなくとも，こうしたいつでも利用可能な状態にあるという恩恵を受けているのである。このような人々を実際の利用者とは別に，「受益者」と呼ぶ[1]。そして問題は，彼らがこうした公共交通から受ける潜在的な利便性に対して何らの対価も支払っていない点にある。これを経済学では「ただ乗り」（フリーライダー）と呼ぶ。そのような潜在的な利便性を享受すると思われる沿線地域の住民を受益者として，彼らが対価を支払い，費用を負担するということは可能だろうか。

　しかしながら，沿線地域住民は受益者だとしても，自分たちが「ただ乗り」

しているという意識はおそらくないであろう。鉄道会社とその利用者という当事者間の関係からすれば，いわゆる第三者の関係となる。このように当事者間以外に与える影響のことを経済学では「外部性」と言い，良い影響であればこれを「正の外部性」と言う[2]。多くの人々に良い影響を与えるにもかかわらず，「ただ乗り」が発生するとすれば，このような事業を営むことを人々は敬遠しがちとなる。「政府」はこのような問題に対処することがもとめられる。補助金や助成金というかたちで政府が費用を負担する理論的根拠となる。

それでは「事業者」が費用を負担するということは可能であろうか。広域路線網を有する鉄道会社はたとえ乗降客の少ない路線があったとしても，乗降客の多い路線があれば，これで路線全体の収支を埋め合わせることができる。あるいは鉄道会社のなかには鉄道の他に事業を営んでいるものもいる。これもまた赤字路線をカバーする方法である。

以上のように，誰が鉄道を維持・存続させるための費用を負担することができるかという点について，利用者のほかに，受益者（沿線地域住民），政府，ならびに事業者をターゲットとすることができる。ただし，これらを場当たり的にターゲットとするのではなく，歴史を紐解いて考えることが必要である。かつてどのように費用が負担されてきたのだろうか。歴史の教訓をもとに将来の可能性を提示しようとするのが本書のねらいである。

現代の公共・公益事業における改革は，「現状」を見て，必要か，必要でないかを問うかたちになっているように思われる。使っている人がいなければ必要でない。集客が少なければ補助金を減らすといったものである[3]。公共・公益事業改革は，政府の失敗に対して市場メカニズムのメリットを機能させる方法が知られている。近年までのデフレ時代の民間企業がおこなうコストダウンや合理化の手法が，公共・公益事業にも民間企業の知恵を利用するというかたちで取り入れられるようになっている[4]。しかしながら，当該の公共・公益事業が将来にわたって必要であるか否かを「現状」だけで判断するのは早計である。一度廃止した路線は二度と再生することはできない。または，公共・公益

事業は利害関係者が多いだけにトップダウン型で決断を下すよりも，多くの利害関係者が参加して，もっと議論に時間を割くべきではないだろうか。鉄道路線が廃止されるとなったときに，沿線地域の住民が反対運動をするといったことはよく聞く話である。しかし，この場合でも，一部の者が音頭を取って署名を集めるだけに終わってしまい，沿線地域住民は実際にはそれほど関心をもっていないことが多い。議論に時間が割かれていない典型である。歴史は，以上のような場合に，有益な示唆を与えるものとして，歴史の教訓に学ぶ必要性を本書では訴えたい。

　各章の概要を以下に述べる。

　第1章は「利用者」に焦点をあてる。利用者による運賃によって経営が賄われれば維持・存続に何ら問題はないのであるが，利用者負担が困難であることを，利用者数の変化等マクロの統計データを用いて分析する。

　第2章は「事業者」に焦点をあてる。赤字路線を運行する事業者にとっては，それを維持・存続させることは難しく，廃止が検討されることになるが，事業者の経営努力による解決の方法がある。それが黒字路線による赤字路線の補填，あるいは鉄道事業以外の分野に多角化することで企業全体の収支を安定させるというものである。これを内部補助というが，そのような経営努力がおこなわれた経緯やそのような方法がどの程度ひろまったかについて見る。

　第3章は「政府」に焦点をあてる。運賃収入だけでは赤字であり，鉄道会社の経営努力も限界にある場合，これを維持・存続させるために政府による補助がおこなわれる。それを外部補助と呼ぶが，それは鉄道が「地域住民の足」として福祉の増進にかなうものであるという前提がある。そのような目的のためにおこなわれた補助の実態を見る。そして，補助が企業経営に与える影響についても検討する。

　第4章は「受益者」である「地域住民」に焦点をあてる。地方鉄道にとって主な利用者となるのは地域住民である。地域住民が鉄道の維持・存続に与えた影響を検討する。

また，最初に指摘したように，本書では，中部圏の鉄道を事例に検討するが，公共・公益事業の維持・存続に関する問題は，この地方に限定するものでもなければ，鉄道事業に限られるわけでもない。公共財の性格にあてはまるものは他にも多数存在し，人々の福祉の増進につながるものに対して，今後はこれらに応用し検討する必要があり，本書ではその端緒としての一事例をとりあげるに過ぎない。そこで補論として，上記までの結果をもちいて，二つのケースをとりあげ，応用を試みた。一つは歴史分析の結果を現代の公共交通にあてはめて検討した。その一例として，対象は第三セクターの明知鉄道（恵那〜明智間25.1km）である。もう一つは，誰が費用を負担するかという課題に対する費用負担の方法に関して検討した。日本の晩婚化による高齢出産にともなう高リスク出産への対処として新生児集中治療室（NICU）の拡充が必要とされるが，それに関する莫大な費用負担を誰がどのように負担するのが望ましいかを試論する。

注
1）鉄道における受益者負担についてはフランスの交通税の事例があげられる。詳しくは，『日本経済新聞』2010年10月7日付，27面，「ゼミナール　新時代の公共交通⑱　整備財源の確保　受益者負担の考え方も重要に」を参照されたい。
2）宇沢弘文『自動車の社会的費用』岩波書店，1974年，は，自動車がもたらす「負の外部性」（排気ガス汚染や道路建設にともなう環境破壊など）を取り扱ったもので，自動車運転者はこうした費用（社会的費用）も負担すべきことを指摘している。
3）政府の事業仕分けのほか，大阪市における文楽協会への補助金減額をめぐる出来事が象徴的である。後者については，詳しくは，『日本経済新聞』2013年3月9日付，40面，「岐路の文楽　振興手探」などを参照されたい。
4）大阪市の事例をもとに，公共・公益事業改革を提言したものとして，上山信一『公共経営の再構築―大阪から日本を変える―』日経BP社，2012年，がある。

第1章 地方鉄道の利用者

　事業を維持するためには誰が費用を負担すべきか。利用者が増え，利用者の負担によってすべて賄われるのであれば，このような疑問が生じることはない。経済の基本は，買い手（利用者）があって売り手（事業者）が存在するからである。つまり，最も重要なことは買い手である利用者が存在することに他ならない。利用者がいなければ売り上げはなく，事業を運営するための費用を負担することができない。利用者がいないということになれば存在意義もなくなる。ところが世の中には利用者負担だけで維持することが難しいが，かといってそれだけで存在意義がないとは必ずしも言えない事業がある。その例が地方鉄道である。地方鉄道は「地域住民の足」と称されることが多く，このような名目で存続される一方で，利用者は少なく，これだけでかかる費用を負担することはできない。

　本章では，まずは地方鉄道の利用者に注目し旅客人員，旅客収入，ならびに旅客人員に影響を及ぼす沿線人口などのマクロの統計データをもとに，利用者負担がどれほど難しいのかを明らかにしたい。

　なお，本書での地方鉄道とは，対象地域とする愛知県，岐阜県に存在する鉄道であり，地域の輸送需要を主とする鉄道を意味する。今日では広域路線を運営する鉄道であっても，歴史をさかのぼれば短距離区間を運行していた時期もあり，そのような鉄道を全般的に取り扱う。

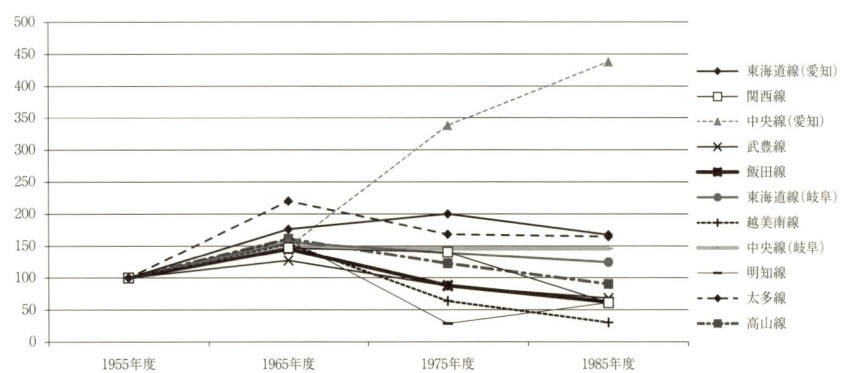

図表 1-1 愛知・岐阜県内の国鉄路線別乗車人員の推移（指数）

注 1) 国有鉄道樽見線は開業直後であったため乗車人員の数値が少なく除外した。
2) 神岡軌道は三井金属神岡鉱業所の所有という特性があるため除外した。
3) 美濃赤坂線については記載がないため除外した。
出所) 岐阜県については，乗車人員は『岐阜県統計書』（昭和 30 年版），愛知県については，『愛知県統計年鑑』（昭和 31 年版）より作成。

第1節　乗車人員の推移

　図表 1-1 は，愛知県と岐阜県内の国鉄の利用状況を路線別に 1955 年度から 1985 年度の推移について 1955 年度の数値を 100 とした指数で見る[1]。路線が複数県にまたがる場合もあるが，愛知県と岐阜県に限定した。また，愛知県と岐阜県にまたがる場合も，愛知県と岐阜県に分けて 1955 年度から 1965 年度にかけては，いずれの路線も 100 を上回っており，利用者数が増加したことがわかる。しかし，1965 年度から 1975 年度については，路線ごとに違いが生じている。一つ目には，1975 年度の時点で 1955 年度（100）を下回る路線があらわれていることである。愛知県内では，武豊線の 87 と飯田線の 88，岐阜県内では，越美南線の 64 と明知線の 28 であり，明知線については著しい減少となっている。二つ目には，1955 年度（100）を下回らないまでも，1965 年度に比べると下回っている路線である。愛知県内では，関西線の 147 から 140，岐阜県内では，

図表 1-2　3大都市圏の鉄道輸送の乗車人員

（単位：千人）

（年度）	首都交通圏		中京交通圏		京阪神交通圏	
	国　鉄	私　鉄	国　鉄	私　鉄	国　鉄	私　鉄
1955	1,858	1,168	66	249	440	1,104
1960	2,592	1,749	93	333	648	1,232
1965	3,465	2,563	128	451	984	1,795
1970	3,600	3,200	171	499	1,060	2,480
1975	4,066	3,594	199	493	1,148	2,410
1980	3,938	3,929	185	485	1,086	2,508
1985	4,283	4,265	198	478	1,074	2,575

注）　首都交通圏は東京駅中心半径50km，中京交通圏は名古屋駅中心半径40km，京阪神交通圏は大阪駅中心半径50kmである。
出所）「交通関連統計資料集」国土交通省（http://www.mlit.go.jp/statistics/kotsusiryo.html）

東海道線の156から139，中央線の147から146，太多線の220から168，高山線の161から122である。3つ目には，増加を続けた路線である。愛知県内の東海道線の200と中央線の338である。次に75年から1985年度にかけては，愛知県内の中央線を除くすべての路線が1975年度を下回るか，100を下回っている。このとき高山線も100を下回った。

　以上を見ると，1955年度から1965年度にかけては鉄道利用者が増加したが，愛知県内の中央線を除き，その他の路線では1965年度から停滞ないしは減少した。中央線についても愛知県内では増加したが，岐阜県内では1965年度以降は停滞した。1965年が分岐点となって，一部の都市部の路線を除き，以後鉄道が衰退していったと見ることができる。

　図表1-2は3大都市圏の鉄道輸送の乗車人員の推移について，1955年度から1985年度までを見たものである。首都交通圏と京阪神交通圏は，国鉄も，私鉄もともに乗車人員は増加傾向となっているが，中京交通圏だけが，先に示したように，1965年度以降に国鉄・私鉄を含め停滞傾向となっていることが分かる。前掲図表1-1において，愛知県・岐阜県内の国鉄の乗車人員を見たも

のから 1965 年を境とした変化が確認できたが，こうした動向は，3 大都市圏のなかでも中京交通圏にのみ見られたものであった。それならば，これよりも人口の少ない地方都市，さらに地方となれば，同様の傾向，ないしはこれよりも顕著な傾向があらわれていることが予測される。

第2節 鉄道路線の混雑状況

　図表1-3は，愛知県と岐阜県に路線のある国鉄の路線別の距離と乗車人員のデータをもとに，乗車人員÷路線距離によって1km当たり乗車人員を算出することで，路線ごとの混雑状況をあらわした[2]。この図表によれば，1955年度の時点で最も混雑していたのは岐阜県内の東海道線で45万3千人ということになる。逆に最も閑散としていたのは岐阜県内の明知線で2万9千人である。その差を比べるとおよそ16倍である。そして，1985年度に最も混雑していたのが愛知県内の中央線の126万6千人，最も閑散としていたのが岐阜県内の越

図表1-3　愛知県・岐阜県内における国鉄の混雑状況（1955・1985年度）

県	路線	駅間		路線距離(km)	1955年度		1985年度	
					乗車人員(千人)	1km当たり乗車人員(千人)	乗車人員(千人)	1km当たり乗車人員(千人)
愛知県	東海道線	木曽川	仁川	108.2	44,128	408	73,839	682
	関西線	名古屋	弥富	18.0	1,012	56	618	34
	中央線	名古屋	定光寺	30.1	8,696	289	38,092	1,266
	武豊線	大府	武豊	20.3	3,226	159	2,196	108
	飯田線	豊橋	三河長岡	51.9	7,572	146	4,705	91
岐阜県	東海道線	岐阜	関ヶ原	27.5	12,465	453	15,461	562
	越美南線	美濃太田	北濃	72.1	2,804	39	843	12
	中央線	多治見	坂下	53.6	9,345	174	13,618	254
	明知線	東野	明知	25.1	732	29	446	18
	太多線	多治見	美濃太田	17.8	1,050	59	1,727	97
	高山線	岐阜	杉原	180.5	7,638	42	6,875	38

注1）国有鉄道樽見線は開業直後であったため乗車人員の数値が少なく除外した。
　2）神岡軌道は三井金属神岡鉱業所の所有という特性があるため除外した。
出所）岐阜県については，乗車人員は『岐阜県統計書』（昭和30年版），距離は『日本鉄道旅行地図帳7号・東海』新潮社，2008年，より作成。
　　愛知県については，『愛知県統計年鑑』（昭和31年版）より作成。

美南線の1万2千人であった。その差はおよそ106倍である。こうした数値が意味するところは、仮に鉄道にかかる費用を利用者（運賃）で負担した場合の大きさをあらわしている。鉄道は混雑状況にかかわらず車両や線路など必要とする設備はほぼ同じである。費用には産出量に関係のない固定費用と、産出量に応じて変動する可変費用がある。車両や線路などが固定費用にあたる。しかも、鉄道の場合、固定費用が巨額にのぼるものの、乗車人員に応じて変動する可変費用は少ない。したがって、固定費用と可変費用を加えた総費用は、乗車人員が少ないときには重い費用として負担がかかるが、総費用を上回る乗車人員となってからは大きな利益をもたらす。より多くの乗客を乗せて運行する方が収益率は高くなるのであり、換言すれば、運賃による費用負担は、損益分岐点を超えてからは軽減される割合が大きくなることを意味する。1955年度における16倍の繁閑の開きは、最も閑散とした鉄道の利用者は最も混雑した鉄道の利用者の16倍の運賃を払わなければ採算が同じにならないことになる。さらに1985年度になると閑散とした鉄道の利用者は106倍の運賃負担が必要となる。しかし、現実としてはそのような負担を利用者に求めることはできず、事業者が負担することになる。全国同一運賃とすれば、地方の路線を維持するためには106倍の費用負担に耐えなければならなかったことになる。

　鉄道は一様に衰退したのではなく、都市部での利用に集中し、地方では利用が急減したのである。その転機を先の表からは1965年度と判断した。1965年度以降に閑散していったとされる地方路線はそれを維持させるために重い費用負担を強いられることとなった。地方の問題はこの点にあり、公共・公益事業を維持するためには、都市部と異なり、費用を誰が負担すれば良いのかという課題につきあたるのである。都市と地方の格差は旧来よりあったが、1965年度以降に顕著となったと言える。

　ここで、本書の第3章第2節において事例とする北恵那鉄道の鉄道事業の営業成績を、1924（大正13）年から1973（昭和48）年までの、およそ50年にわたる経緯について見てみよう。図表1-4がそれである。前節において1955年

第 1 章　地方鉄道の利用者　13

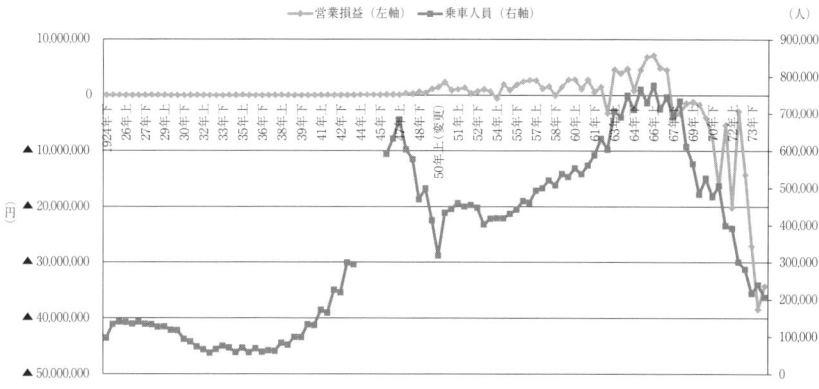

図表 1-4　北恵那鉄道の鉄道事業の営業成績

出所）北恵那鉄道「営業報告書」各年版より作成。

度から 1985 年度までの愛知県内と岐阜県内における鉄道の乗車人員の動向を見た。そこで明らかとなったのは，1965 年を境として乗車人員は増加から減少ないしは停滞に転じたことであった。本項では乗車人員の多寡が及ぼす費用負担の影響を見た。それらの内容をもとに，北恵那鉄道の鉄道事業を見てみよう。まず，戦前と戦後で大きく異なるのは乗車人員である。戦後は 1960 年代半ばまで増加傾向となっている。この点は前項で確認した内容と同じである。注目すべきは，営業損益の動向であり，戦前期においてほとんど変化はなく（戦後期と比較すると微々たる変化であったが），戦後にようやく目立った利益が出始めたことが確認される。そして，1960 年代半ばの乗車人員のピーク期に営業利益もそれまでにない高さとなっている。その後は，乗車人員の急激な減少とともに，営業損失を悪化させている。以上の結果を先に記した本項での内容と重ね合わせると，北恵那鉄道の鉄道事業は，戦後になってようやく損益分岐点を超えたと判断することができる。また，鉄道営業収入は旅客輸送に限定されず，そのほかに貨物輸送からの収入もあったが，図表 1-5 に示すように，1955年度と 1965 年度では北恵那鉄道の旅客依存度（合計収入に占める旅客収入の割

図表 1-5 北恵那鉄道の旅客依存度

(収入:千円,依存度:%)

駅	1955年度			1965年度		
	旅客収入	合計収入	旅客依存度	旅客収入	合計収入	旅客依存度
中津町	7,460	8,243	90.5	24,973	26,364	94.7
恵那峡口	47	47	100.0	181	181	100.0
山之田川	614	2,368	25.9	762	7,286	10.5
苗木	1,302	1,824	71.4	3,002	3,402	88.2
上苗木	1,256	1,256	100.0	2,155	2,155	100.0
並松	1,919	2,305	83.2	3,315	3,580	92.6
関戸	–	–	–	164	164	100.0
美濃福岡	2,050	2,183	93.9	4,645	5,031	92.3
栗本	238	238	100.0	690	690	100.0
美濃下野	1,386	1,571	88.2	1,602	1,815	88.3
田瀬	858	1,096	78.3	1,161	1,340	86.6
稲荷橋	265	265	100.0	657	657	100.0
下付知	3,624	7,561	47.9	8,824	11,402	77.4
計	21,018	28,957	72.6	52,132	64,070	81.4

注) 関戸は1955年度の時点では駅は存在しない。
出所)『岐阜県統計書』各年版より作成。

合)[3]は72.6%から81.4%に高まっている。このことは,1950年代から60年代初めにかけての営業利益は乗車人員の高まりもあったが,貨物収入に支えられた部分もあったと判断される。しかし,旅客依存度の高まりとともに,乗車人員の多寡によって営業損益が左右される面が強まったことで,1960年代末からの乗車人員の減少に際して,損益分岐点を割り込み,著しい営業損失を発生させたものと考えらえる。

第3節 沿線人口の及ぼす影響：沿線人口とマイカー

　地方における鉄道乗車人員の減少について，その要因として沿線人口の減少と競合するマイカー利用の増加について見てみよう。

　中部圏における名古屋市の人口密度は高く，周辺の山間部であるほど人口密度は低くなるのは当然である。前掲図表1-3で見たように，愛知県と岐阜県をまたぐ国鉄中央線の1km当たり乗車人員について，愛知県内と岐阜県内では前者の方が多いのも理解できる。中央線の恵那駅から分岐する明知線は岐阜県の山間部を走る路線であるが故に，1km当たり乗車人員はさらに少ない。1955年度と1985年度の1km当たり乗車人員の変化を見ると，愛知県内の中央線のそれは4倍強の増加であった。岐阜県内の中央線の伸びは少なく，明知線となると減少した。中央線，ならびに明知線の走る東濃地域の沿線人口の変化を見たのが図表1-6である。この地域には多治見市から中津川市の5市すべてにまたがる中央線と，中津川市（阿木村）と恵那市（恵那市，岩村町，明智町）にまたがる明知線が該当する。この図表を見ると多治見市から中津川市へと山間部（長野方面）に向かうにつれて人口密度の増加率は低くなっている。1955年から1973年は日本の高度経済成長の時期であるが，郡部の人口減少，過疎化がこの時期にも確認することができる。

　鉄道の主たる利用者は沿線地域の住民であるから，沿線人口の多寡が鉄道経営に影響するところは大きいが，人口そのものの変化に限らず，鉄道利用頻度が変化することによる影響もある。それはマイカーの普及である。マイカー普及のもたらす影響は鉄道ばかりではく，路線バスやタクシーなどあらゆる交通機関と競合する。

　愛知県と岐阜県のマイカー普及率を1965年と1975年で比較したのが図表1-7である。各県の市部と郡部にわけて示しているが，愛知県については最も人口の多い都市である名古屋市，岐阜県については郡部のなかで，東濃地域の

図表1-6　東濃地域5市の人口推移

(各年末)

現在の市	1955年					1973年				
	郡(市)	町・村	(人)	(平方km)	人口密度(人)	郡(市)	町・村	(人)	(平方km)	人口密度(人)
中津川市	中津川市		37,243	133.07	280	中津川市		50,310	275.93	182
	恵那郡	落合村	3,575	24.15	148					
		阿木村	4,425	78.06	57					
	長野県西筑摩郡	神坂村	2,610	47.67	55					
	恵那郡	付知町	8,220	73.34	112	恵那郡	付知町	7,024	73.13	96
		福岡村	8,128	83.80	97		福岡町	6,747	84.12	80
恵那市	恵那市		31,621	174.62	181	恵那市		32,697	172.49	190
	恵那郡	岩村町	7,483	34.04	220	恵那郡	岩村町	6,162	34.36	179
		山岡町	6,990	60.85	115		山岡町	6,196	60.94	102
		明智町	6,210	44.64	139		明智町	7,857	67.36	117
		吉田村	2,156	22.56	96					
瑞浪市	瑞浪市		36,233	175.73	206	瑞浪市		38,880	175.60	221
土岐市	土岐市		50,639	119.69	423	土岐市		62,629	116.16	539
多治見市	多治見市		47,405	63.68	744	多治見市		66,539	77.86	855
	可児郡	姫治村	2,818	19.28	146					
	土岐郡	笠原町	7,257	12.00	605	土岐郡	笠原町	13,282	13.46	987

注）　姫路村については，1960年4月に多治見市が姫治村大字大藪，大針，北小木，下切（字国京，白山）を編入，上記以外の姫治村は可児市に編入された。
出所）『岐阜県統計書』各年版より作成。

恵那郡を別記している。前掲図表1-6で東濃地域の人口密度を見たように，恵那郡は高度成長期において人口減少が見られた地域でもある。したがって，地域の情勢が鉄道に及ぼす影響として，人口減に加えて，マイカー普及についても見る。図表1-7で注目したいのは乗用車1台当たり人口である。人口÷自家用乗用車台数で計算したものであり，どれだけの人口割合で自動車が保有されているかを示しており，数値が小さいほどマイカー普及率が高いことを意味す

図表1-7　愛知県と岐阜県における自家用乗用車普及率の変遷

		愛知県				岐阜県		
	地域区分	自家用乗用車(台)	人口(人)	乗用車1台当たり人口(人)	地域区分	自家用乗用車(台)	人口(人)	乗用車1台当たり人口(人)
1965年	県合計	117,793	4,798,639	40.7	県合計	44,018	1,700,365	38.6
	市部	92,237	3,789,399	41.1	市部	26,650	977,462	36.7
	名古屋市	42,480	1,935,430	45.6	郡部	17,368	722,903	41.6
	郡部	25,556	1,009,240	39.5	恵那郡	923	58,431	63.3
1975年	県合計	991,005	5,923,499	6.0	県合計	298,081	1,867,970	6.3
	市部	817,167	4,988,169	6.1	市部	174,853	1,130,931	6.5
	名古屋市	313,111	2,079,694	6.6	郡部	123,228	737,039	6.0
	郡部	173,838	935,330	5.4	恵那郡	9,123	53,923	5.9

注)　軽自動車を除く。
　　　人口は各年10月1日現在である。
　　　自家用乗用車台数は各年3月31日現在の登録台数である。
出所)　愛知県の数値は『愛知県統計年鑑』各年版，岐阜県の数値は『岐阜県統計書』各年版より作成。

る[4])。1965年時点のマイカー普及率は愛知県，岐阜県ともにおよそ40人に1台の割合であった。それが1975年になると6人に1台というようにこの間に著しい普及となった。1965年時点でマイカー普及率の最も高かったのは岐阜県の市部である。逆に最も低かったのは岐阜県の恵那郡である。ただし，愛知県においては，市部よりも郡部の普及率が高く，名古屋市のような都市部になるとさらに普及率は低かった。このことは都市部の公共交通の利便性の高さがマイカー普及率の低さと関係していると思われる。ただし，公共交通の利便性とは別にマイカー普及には地域格差があったことが恵那郡の普及率の低さからうかがい知ることができる。しかし，1975年になると，愛知県・岐阜県両県ともに市部よりも郡部のマイカー普及率が高く，しかも恵那郡におけるマイカー普及率の急激な高まりは地域格差が解消されたことを意味する。したがって，公共交通の利便性がマイカー普及率に影響することが明確になった。

　以上見たように，市部よりも郡部，さらに恵那郡を事例とする1965年から

1975年にかけての普及率の高まりからも，地方においてマイカー普及がすすんだのは，公共交通機関の発達していない地方において交通面で不便を強いられた住民の「自己防衛策」であったと言えるのではないだろうか。先に鉄道衰退の転機が65年以降であることを指摘したが，同時期以降におけるマイカー普及率の急激な高まりと関係があることを示している。

第1章のまとめ

　「地域住民の足」として位置づけられることの多い地方鉄道が，どれほど利用者に支えられてきたのかについて，マクロの統計データをもとに観察した結果を以下にまとめてみよう。

　戦後，鉄道は55年から65年にかけて利用者数が増加したケースが多かった。しかし，65年を境に利用者数に伸び悩みが生じ，なかにはこの時期から衰退の兆候が見られた鉄道もあった。この違いは都市と地方に分けてみると明瞭であり，都市の鉄道は利用が高まった一方で，地方の鉄道は利用が減っていったのである。地方は，人口の少なさに加えて，高度経済成長の時代に人口の減少が見られたことから，沿線人口の減少が鉄道利用の減少につながったと考えられる。もう一つはマイカーの普及であり，1965年から75年にかけて郡部，とくに人口が減少した地方においては急速にマイカー普及率が高まり，鉄道利用頻度を少なくさせたと想像される。鉄道が存在することに変わりはなくとも，人口減少がすすむ地域では鉄道を利用する可能性のある対象者が減っていき，マイカーといった代替する移動手段を持つ者が増えればさらに鉄道の利用頻度が減るというように，地方であるほど鉄道利用を加速度的に減らしていった。

　以上のことから，地方においては「地域住民の足」としての位置づけが弱まっているというのが現状である。こうした現実にまず目を向けることが重要であり，「地域住民の足」という大義名分を捨てて，地方鉄道を維持・存続させるためにはどのようにすれば良いか。都市と地方という変わることのない現実のなかで，どのように維持・存続してきたかという歴史の教訓に真摯に学び，「事業を維持するためには誰が費用を負担すべきか」という課題を設定し，将来に備える必要がある。

注
　1）指数の計算方法は次の通りである。
　　　各年の乗車人員÷1955年の乗車人員×100

2）密度の計算方法もあるが，数値が得られなかったため1km当たり乗車人員で計算した。
3）旅客依存度の計算方法は次の通りである。
　　旅客収入÷合計収入×100
4）人口については市町村ごとの全人口であり，自動車運転の不可能な18歳未満や運転免許を有していない者，ならびに高齢者等も含まれている。

第2章 鉄道会社の経営

第1節 広域鉄道路線網の形成―名古屋鉄道（名鉄）の事例―

　今日では大手私鉄と呼ばれる広域の路線網を有した鉄道会社が存在する。しかし，日本の私鉄は，国鉄が存在したなかで発達したことで，諸外国でもあまり例を見ず，都市間を長距離むすぶ私鉄となると，さらに珍しいようである[1]。それならば，私鉄の路線網拡張はどのようにしておこなわれたのであろうか。

　本節では名古屋鉄道（以下，名鉄と称す）を事例として，その前身の愛知電気鉄道，名古屋鉄道（名古屋電気鉄道の後身），美濃電気軌道の設立から大手私鉄へと至る形成過程を見ていくこととする[2]。現在でも近鉄が関西圏から名古屋に乗り入れているものの，岐阜と愛知の両県にまたがる中部圏の路線を網羅している大手私鉄は名鉄以外には存在しない。名鉄の主要路線である名古屋本線（豊橋～新岐阜間）は上記の前身3社をあわせた路線である。したがって，これら3社の事業展開を順に見た後に，それらが合併していった経緯に焦点をあてて見る。

　古くから地方鉄道は，短距離が多く，一方の点が幹線鉄道とつながり，もう一方が旧城下町や古くからの地場産業の地域と結ぶというケースが多かった。幹線ルートから外れた地域の名士が鉄道建設にあたったケースが多かったためである。しかし，その場合，輸送需要は少なく，赤字に陥るケースもまた多かった。路線網拡張は，以上のような事情から当初の赤字路線を埋め合わせるべく，黒字路線をつくるという目的があった。また，鉄道会社の合併によって路線網が拡張された際には，赤字路線をかかえる鉄道会社の救済的意味合いが強

かった。

　名鉄の事例からは，3社が合併していくなかで収支にどのような変化が生じたのかを最終的に確認したい。

1．愛知電気鉄道，名古屋鉄道，美濃電気軌道の概要
(1) 愛知電気鉄道

　1910（明治43）年11月に愛知電気鉄道が創立された。これより先の1906（明治39）年12月に知多電気鉄道が熱田～常滑間の特許申請をしていた。同社の計画がなかなかすすまないなか，岩田作兵衛（甲武鉄道）や田中新七（関西鉄道）といった中部出身の鉄道経験者の協力を得ることができ，愛知電気鉄道として発足したのであった。草創期の愛知電気鉄道の路線は神宮前から常滑へと延びる路線であった。沿線への海水浴客誘致のためのレジャー開発にも力を入れた。しかしながら，沿線の需要が貧弱であったことから，多くの延長計画がありながらも建設資金調達の目処がたたなかった。また神宮前から常滑に至る路線は，国鉄の東海道本線，ならびに運河をまたぐため，その乗り越えのための高架工事に多額の費用を要したことも，建設費用の負担を重くさせた[3]。

　こうした初期の鉄道事業収入の伸び悩みを支えたのは，一つが電灯・電力事業からの収入であり，もう一つが政府補助金であった。電灯・電力事業は，鉄道収入の不足を電気供給事業を兼営することによって補おうとする意図が当初よりあったから，知多半島の電車架線工事に付随して電灯線を配線していたことによる。営業報告書からも，第7回（1914年5月），9回（1915年5月），13回（1917年5月）については電灯・電力事業収入が鉄道事業収入を上回っていたことが確認できる[4]。当時の私鉄企業の多くがこれと同様の方法を採用していたが[5]，鉄道経験者である岩田の判断が大きかったと言えよう。（電灯・電力事業については第2章第2節に詳しく見る）。また，政府補助金については，営業報告書より第9～13回に受けていたことが確認できた[6]。

　このような初期の事業運営は不安定であり，鉄道経営を軌道に乗せるために

はやはり鉄道事業を自立させることであった。1917（大正6）年5月に常滑線とは別に，神宮前から有松・岡崎方面へと伸びる有松線（神宮前〜有松裏間9.7km）が開通した。同路線は，1923（大正12）年4月に有松裏〜新知立間，同年8月に新知立〜東岡崎間へと延長した。岡崎以東については国鉄東海道本線と並行することとなったため免許取得が難しかった。しかし，地元海部郡出身の立憲政友会の代議士三輪市太郎が創立した尾三鉄道が，1914（大正3）年6月に豊橋〜岡崎間，1918（大正7）年7月に岡崎〜御器所（名古屋）間の免許を獲得していたことが功を奏した。1919（大正8）年9月に東海道電気鉄道がこの免許を引き継ぐかたちで創設された。同社社長の福沢桃介は愛知電気鉄道社長をつとめていたこともあって，1922（大正11）年7月に愛知電気鉄道と東海道電気鉄道が合併し，以後は愛知電気鉄道によって岡崎以東の鉄道建設がすすめられることとなった。こうして1926（大正15）年4月に東岡崎〜小坂井間が開通した。1927（昭和2）年6月には神宮前〜吉田（豊橋）間が全通し，国鉄と並行する競合路線がここにできあがり，現在の名鉄名古屋本線の名古屋以東の路線がほぼ完成した。

(2) **名古屋鉄道**

　名古屋鉄道は，1894（明治27）年6月に愛知馬車鉄道として設立された。1896（明治29）年6月に電気鉄道敷設が特許となったことをうけ，名古屋電気鉄道に改称された。1898（明治31）年5月に全国で2番目となる笹島〜県庁前間（2.2km）の電気軌道が開業した。名古屋電気鉄道は電気軌道会社であったが，軽便鉄道法の施行にともない，1912（明治45）年3月に軌道のうち押切町〜枇杷島間（1.8km）を軽便鉄道に変更した。さらに尾張電車鉄道と一宮電気鉄道から譲り受けた軌道事業を軽便鉄道事業として免許を得て，1912（大正元）年8月に枇杷島〜西印田間，岩倉〜犬山間を開通させ，郊外路線へと進出した。運賃問題に端を発した市営化の流れによって，名古屋電気鉄道は，1921（大正10）年6月に設立された名古屋鉄道に郊外線を移すことで，名古屋電気鉄道は

解散・清算され，市内線を名古屋市に譲渡した。

　新たに発足された名古屋鉄道の課題は，「市内線の移管による会社規模の縮小の穴を充填するための路線の延長・拡大」であった[7]。名古屋鉄道の路線延長・拡大は岐阜県方面に向けられた。名古屋鉄道はまず岐阜県内で路線を拡張していた美濃電気軌道に出資した。1925（大正14）年8月に尾西鉄道より鉄道事業の譲渡を受けた後，複線新線建設工事に着手，1928（昭和3）年4月に柳橋から新一宮を経由し，尾西線の木曽川橋までの直通列車の運転を開始した。さらに木曽川橋と笠松の間に連絡バスを運行することで，美濃電気軌道および竹鼻鉄道との連絡を開始した[8]。1930（昭和5）年8月に名古屋鉄道は美濃電気軌道を合併し，社名も名岐鉄道に改称した。1935（昭和10）年4月に木曽川橋梁の架橋にともない新一宮～笠松間が完成し，新岐阜～須ヶ口間がむすばれた。ここに現在の名鉄名古屋本線の名古屋以西の路線がほぼ完成した。

(3) 美濃電気軌道

　美濃電気軌道の前身は，1903（明治36）年に免許を受けた美濃鉄道である。しかし，同社は免許を受けながらも株式募集がすすまず，翌04年6月に免許失効となった。1906（明治39）年10月に軌道として再度申請し，翌07年9月に特許を受けたり[9]，才賀商会の出資を受けて，1909（明治42）年11月に美濃電気軌道として設立されるに至った。社長には才賀商会から才賀藤吉が就任した[10]。1911（明治44）年2月に岐阜駅前～今小町間1.4kmの複線と神田町～上有知間25.1kmの単線が開業した。翌12（大正元）年8月に先の路線は長良橋まで延長され，さらに1914（大正3）年12月には新岐阜～笠松間が開業した。美濃電気軌道の路線延長はこうした自身による路線建設のほか，近隣地方鉄道の買収によってもすすめられていった。笠松線延長のため，竹鼻鉄道（1919（大正8）年11月設立）の株式1,500株（6万円）を保有し，経営に関与した。同社は1921（大正10）年6月に新笠松～栄町間7.8kmを開業した。1920（大正9）年9月には長良軽便鉄道（1913年12月，長良～高富間で開業），翌21年9月に岐

北軽便鉄道（1914年3月，忠節〜北方間で開業）を合併した[11]。谷汲鉄道（1924（大正13）年1月設立）の経営にも関与し，同社が1926（大正15）年4月に黒野〜谷汲間を開業したことで，美濃電気軌道が延伸工事をすすめていた美濃北方（旧北方）〜黒野間を同時開業させることができた。さらに，1924年4月に設立された各務原鉄道の経営にも関与，同社は1926（大正15）年1月に安良田〜補給部前間を開業した。

2．名鉄誕生の背景としての福沢桃介の関わり

　ここでは「電力王」福沢桃介の上記3社の鉄道会社への関わりについて見る。電力を主としながらもなぜ鉄道に関わったのか，その鉄道へのインパクトはどれほどであったのかを明らかにするものである。もちろん，インパクトが小さければ，単なる電力の傍系に過ぎなかったことになるが，結論を先んじて言えば，その及ぼした影響は決して小さくはなかった。

　本文に入る前に，福沢と鉄道の関係について，名古屋電燈常務に再度就任した1913（大正2）年1月以後を簡単に以下年表で見てみよう。

　1913（大正2）年1月，　　名古屋電燈常務再就任
　1914（大正3）年8月，　　愛知電気鉄道社長就任
　同年12月，　　　　　　　名古屋電燈社長就任
　1917（大正6）年6月，　　愛知電気鉄道社長辞任，相談役就任
　1918（大正7）年9月，　　木曽電気製鉄（後に木曽電気興業）を創立し，社長に就任
　1919（大正8）年8月，　　東海道電気鉄道創設，社長就任
　1920（大正9）年2月，　　大同電力を創立し，社長に就任
　1921（大正10）年（詳細は不明），美濃電気軌道の新株引受け
　同年10月，　　　　　　　関西電気を創立し，社長に就任（12月辞任）
　1922（大正11）年2月，　 愛知電気鉄道と東海道電気鉄道が合併
　　　　　　　　　　　　　東海道電気鉄道社長辞任
　1928年（昭和3）年6月，実業界引退（大同電力社長等の関係役員を辞任）

　福沢は国有化後の鉄道の将来性については悲観的であった[12]。したがって，

鉄道事業に関わったとはいえ，愛知電気鉄道の社長在任期間は3年たらずであったから，「お飾り」的なイメージで捉えられてもおかしくはない。ところが，福沢は大同電力社長となって以後も，東海道電気鉄道社長や美濃電気軌道の新株引受けといったように鉄道への関わりを続けた。そのような継続的な関わり方は，福沢が「東京大阪間高速度電車構想」をもっていたからとされる。しかしながら，この構想の信憑性は乏しい。したがって，本項では，福沢の鉄道事業への関わりは，「東京大阪間高速度電車構想」に繋がるものであったと仮定して，構想の信憑性を確認するための作業をおこなう。この作業をつうじて，福沢が鉄道事業に与えたインパクトの大きさもまた明らかにすることができよう。

(1) **東京大阪間高速度電車構想**

まずは，「東京大阪間高速度電車構想」の内容について，『藍川清成伝』のなかの記述から確認しよう。

「国鉄東海道線が，丹那山トンネルを抜いて熱海線に変更された後は，その廃線の払下げを受ける内諾も得た。大阪方面は京阪電車の太田光熙，中部地方は愛電と結んで，部分的に工事を進め，それをつないで行こうとの構想であった。」[13]

これと同様の記述を他資料においては確認できない。『名古屋鉄道百年史』では，東海道電気鉄道の設立（1919年），美濃電気軌道の新株引受け（1921年）という福沢の一連の行動が「東京大阪間高速度電車構想」によるものであったと説明されているが[14]，これもまた根拠が乏しい。そこで，以下では，『藍川清成伝』のなかに見られる「愛電」（愛知電気鉄道），「京阪電車」（京阪電気鉄道），『名古屋鉄道百年史』において「東京大阪間高速度電車構想」と関連づけられている東海道電気鉄道の設立，美濃電気軌道の新株引受けの過程を見ることを通じて，「東京大阪間高速度電車構想」の真偽を問いながら，福沢の鉄道

(2) 福沢桃介の愛知電気鉄道社長就任

愛知電気鉄道は1912（明治45）年2月に大野～伝馬町にて開業した。その後，同路線は現在の名鉄常滑線へと延伸していった。

「下出民義自傳」によれば，「大正三年八月，当時の愛知電鉄から私が頼まれて，桃介を迎へて社長とした。当時愛電では内輪もめばかりだった」とある[15]。福沢の愛知電気鉄道社長就任には，相場師以来のパートナーである下出民義の仲介があった。1913（大正2）年10月に発生した大須の遊廓移転候補地にまつわる贈賄，ならびに詐欺・横領の罪で，愛知電気鉄道から常務の安東敏之，取締役の兼松煕，坂勘一が逮捕・拘留された。これにともない彼らが愛知電気鉄道を去ると，同年12月に監査役の伊藤由太郎，井深基義，藍川清成が取締役となり，翌14年4月には藍川が常務となった。同年8月に岩田が社長を辞任すると，次期社長として常務の藍川の名があがったが，時期尚早との感があり，藍川の呼びかけに応じて福沢が社長に就任した。福沢と藍川は福沢が名古屋進出の端緒となった名古屋電燈において，藍川が同社顧問弁護士，ならびに監査役であったことからの縁であった[16]。「二葉御殿」と呼ばれた福沢の名古屋での邸宅に最後まで足繁く通っていたのは，電力業界では福沢と並び称される「電力の鬼」松永安左ヱ門のほか，藍川であった[17]。福沢は藍川を擁護すべく，背後からこれを支援したのであった。

(3) 東海道電気鉄道の設立から愛知電気鉄道との合併へ―福沢桃介の関与―

愛知電気鉄道の当初の路線は神宮前から知多半島・常滑へと延びる路線（常滑線）であったが，十分な輸送需要が得られず経営難に陥った。1917年5月に神宮前～有松裏間（9.7km）の開業は，その後に豊橋へと伸びる路線の端緒となり，輸送需要の比較的多い路線を開業できたことで同社の安定経営につながった。

1917（大正6）年6月に福沢は愛知電気鉄道の社長を辞任すると，後任社長には藍川が就任した。また同月の株主総会では，取締役に田中新七，島甲子二，葛生暐，古島安二，監査役に松永安左ヱ門といったように福沢との繋がりの強い役員が多く加わった。他方で，福沢は1919（大正8）年9月に東海道電気鉄道を設立し，社長に就任した。同社は，尾三鉄道が1914（大正3）年6月に豊橋～岡崎間，1918（大正7）年7月に岡崎～御器所（名古屋）間の免許を獲得していたものを引き継ぐかたちで設立された。同社の注目すべき点は，東海道電気鉄道が尾三鉄道から引き継いだ路線免許が，愛知電気鉄道の豊橋方面への路線を計画していたその延長線上にあったということである。愛知電気鉄道は，神宮前～有松裏間の開業に引き続き，同路線を延長し，1923（大正12）年4月には有松裏から新知立まで開業していた。1922（大正11）年7月に東海道電気鉄道を合併すると，愛知電気鉄道は東海道電気鉄道が有する知立～豊橋間の敷設免許を獲得した。これにより翌年8月に新知立～東岡崎間，1926（大正15）年4月に東岡崎～小坂井間を開通させ，1927（昭和2）年6月に神宮前～吉田（豊橋）間の開通によって，豊橋線が全通した。

愛知電気鉄道にとって，東海道電気鉄道は尾三鉄道から引き継いだ路線免許をもたらし，愛知電気鉄道の神宮前～豊橋間の開業に貢献した。福沢は，愛知電気鉄道社長退任後も，東海道電気鉄道での活動を通じて，影響力を及ぼしたのであった。

(4) 福沢桃介による美濃電気軌道の新株引受け

前項で美濃電気軌道の岐阜県内での路線網拡張を示したが，これらの路線は採算性の乏しいローカル路線ばかりであったため，同社の経営状態は決して良くなかった。その結果，新たな資金が必要とされた。1921（大正10）年，美濃電気軌道は名古屋電気鉄道（後に名古屋鉄道）に増資2万株の引受けを依頼した[18]。これは美濃電気軌道設立時にも名古屋電気鉄道に資金援助を要請していた経緯に溯る。

名古屋電気鉄道は1898（明治31）年5月に開業した笹島〜県庁前間の名古屋市内を走る電気軌道として日本では京都電気鉄道に次いで2番目に古い電気軌道である。1922（大正11）年8月に名古屋市内の路線が名古屋市に譲渡されると，名古屋電気鉄道の郊外線を引き継ぐかたちで名古屋鉄道が発足した。郊外線は，押切町から犬山へと岐阜県方面に北進する路線であった。名古屋電気鉄道との間で話し合いがすすまないなか，新株発行を引き受けたのが福沢であった[19]。美濃電気軌道の営業報告書においても，名古屋電燈株式会社社長福沢桃介19,400株（32%）として，第一の株主となっていることが確認される[20]。『名古屋鉄道百年史』によれば，こうした福沢の行動をさして美濃電気軌道と名古屋鉄道（名古屋電気鉄道の後身）合併させることで，東京大阪間高速度電車構想へと結実させたかったと指摘されている。しかし，合併話が難航すると，福沢は1922（大正11）年1月に美濃電気軌道株を名古屋鉄道に譲渡した。美濃電気軌道の営業報告書に記載の株主名簿（1922年3月31日）では，福沢の名前はなく，代わって名古屋鉄道株式会社取締役社長富田重助18,800株（25%）が第一株主として確認される[21]。

　福沢の行動は，東京大阪間高速度電車構想へと繋がる美濃電気軌道と名古屋鉄道を合併させることはできなかった。しかし，結果として名古屋鉄道に美濃電気軌道株を引き継がせることとなった。名古屋鉄道は美濃電気軌道の新株引受けに当初は乗り気でなかったとすれば，福沢の介入が名古屋鉄道を刺激したとも考えられる。名古屋鉄道の営業報告書を見ると，「将来線路延長の上は美濃電気軌道株式会社の線路と近接し，運輸上密接の関係を生ずるを以て之に出資する為め同会社の株式（1株の金額50円，払込済額12円50銭）2万株を取得せり」とある[22]。名古屋鉄道が「将来線路延長」する先としての岐阜県における美濃電気軌道への経営関与は不可欠であったが，福沢の所有する2万株を取得したことがその契機となった。ここに福沢の貢献があった。

　その後，名古屋鉄道と美濃電気軌道は1930（昭和5）年8月に合併し，名岐鉄道となる。そのときの事情については以下のような説明がある。

「岐阜経済の底は浅く，同社（美濃電気軌道）の業績は，昭和に入ってからは不況の影響を正面から受けて不振が続くようになった。また乗合バスへの対策に遅れをとり，その間隙をついて岐阜市が市営バスを申請した。もしも市営バスが実現するならば，軌道が大半である同社は潰滅的打撃を蒙ることは必至である。その上輸送力を強化するための設備投資を行おうとしても，利益率が低下するとの恐れから株主に強硬に反対され，同社の経営は窮地に追い込まれてきた。他方名古屋鉄道は名古屋〜岐阜間の直結が最大目標であり，その実現には美濃電軌との提携は絶対必要であったから，同社の動揺は重大関心事であり，多量の美濃電軌株式を保有している点からも早急に対策を取らねばならなかった。」[23]

以上に見るように，美濃電気軌道の苦渋の策が名古屋鉄道との合併であったが，名古屋鉄道としても岐阜進出による路線網拡大を必至としていた。両社が接続した路線は現在の名鉄名古屋本線の名古屋以西を形成するものである。なお，1935年8月に名岐鉄道と愛知電気鉄道が合併し，今日の名古屋鉄道が誕生した。

(5) 京阪電気鉄道との関係

以上までの鉄道事業は広域路線の形成とはいっても，「東京大阪間高速度電車構想」に結実するほどではなかった。そこで『藍川清成伝』の記述における「愛電」（愛知電気鉄道）との接続先として「京阪電車」（京阪電気鉄道）に注目したい。関西圏に路線を有する京阪電気鉄道との接続であれば，「東京大阪間高速度電車構想」の信憑性も高まってこよう。

1918（大正7）年9月に名古屋電燈からの現物出資を受けるかたちで，木曽電気製鉄（1919年10月に木曽電気興業に社名変更。以下，木曽電気興業で統一）が設立された。同社は，電気製鉄・製鋼事業を目的とし，同事業に必要な電源開発をおこなった[24]。これより，木曽電気興業が電源開発を担い，名古屋電燈は一般供給をおこなうかたちとなった。木曽電気興業は，名古屋電燈から既

許可および出願中の水利権を得たほか，笠置水力，錦津水力，今渡水力，大井水力，落合水力を新規出願し，1920（大正9）年3月に岐阜県知事より許可され，これらの水利権も獲得した[25]。電源開発がすすめば，必要となるのは電力供給先の開拓であった。時を同じくして，他方では，自らの電力使用量の増大に対して，電力飢饉に悩んでいた企業があった。京阪電気鉄道である。同社は路線拡張にともない電力需要が増大していた上，石炭価格高騰の影響を受けていた。そこで，京阪電気鉄道は大規模な電源開発を企図していた。ここに供給側の木曽電気興業と需要側の京阪電気鉄道の思惑が一致した。

以上の経緯について，京阪電気鉄道の太田光熙が著した『電鉄生活三十年』にもとづいて見ていこう[26]。電力需要の急増によって「電力飢饉」が訪れることを危惧した大阪の電鉄事業関係者の間で共同出資によって火力発電所を建設することが考えられた。ただし，話し合いはまとまらないまま，京阪電気鉄道の太田は重役の林謙吉郎の紹介によって旧知の福沢と会った。福沢は木曽電気興業を起こしたばかりであった。ところが，「福沢氏は当時水力電気の供給に就て，大阪電燈や宇治電などと交渉し，両社が篦棒に廉い値段を付けて，話が纏まらなかった直後であったので，同氏一流の気性で非常に憤慨し，大阪の人はまるで話が分らない。あゝいふことでは1キロも大阪へは送れない。全部名古屋方面で捌くと云って耳を傾けなかった」とされる[27]。太田が，出願中の水利権の許可を得る上でも，大阪に送電するということになれば，水利権も許可されるであろうと説得すると，福沢もこれに応えた。こうして，木曽電気興業と京阪電気鉄道は1919（大正8）年11月に大阪送電を設立した。さらに翌年2月には，大阪送電，木曽電気興業，ならびに日本水力（1919（大正8）年10月設立）の3社が合併し，大同電力が設立された。同社設立に際しても，太田が仲介役となった[28]。

京阪電気鉄道の路線拡張に目を転じると，1928年6月に滋賀県大津市から名古屋市熱田までを区間とする名古屋急行電気鉄道の設立を出願した。これが実現すれば京阪電気鉄道の大津市以西の関西圏路線と接続することで，大阪

〜名古屋間を2時間以内で結ぶことができるというものであった[29]。この経緯について，京阪電気鉄道の社史によれば，1925（大正14）年10月に姉妹会社の新京阪鉄道[30]が淡路〜天神橋間を開業した後，淡路以東の路線建設に着工するなかで，名古屋延長の構想を抱くようになったとされる[31]。その後の名古屋急行電気鉄道の計画は，1929年6月に免許されたものの資金調達の目処が立たないまま，幾度か工事施工期限を延期した後，1933年に失効となり，結局は実現しなかった。

　以上の内容から，愛知電気鉄道と京阪電気鉄道の接続は，京阪電気鉄道の名古屋延伸の計画が背景にあったことが分かった。福沢の「東京大阪間高速度電車構想」は，これをさらに発展させるものであったと考えることができる。しかし，京阪電気鉄道が名古屋急行電気鉄道設立の出願をした1928年6月は，福沢が実業界を引退した時期と重なる。おそらく，福沢が太田と接触するようになってから，関西圏と中部圏をむすぶ鉄道建設の話を聞き及んだのかもしれない。それでも京阪電気鉄道における名古屋延伸計画は新京阪鉄道の開業（1925年）以後とされる。他方で，『名古屋鉄道百年史』に記されたように，東海道電気鉄道の設立（1919年）をもって，「東京大阪間高速度電車構想」を着想したとするのはかなり時期が早いことになる。しかしながら，木曽電気製鉄の設立以後に電源開発に取り組んだ福沢にとって，鉄道が将来有望な電力供給先として考えていた節はある。東海道電気鉄道や美濃電気軌道への関わりが，電源開発への取り組みから大同電力設立までの過程と並行している点である。「東京大阪間高速度電車構想」は京阪電気鉄道の名古屋延伸計画によって具体化されたが，着想自体は，木曽電気製鉄設立による電源開発への取り組みとともに，その電力供給先としての鉄道に関与し始めたときからではないかと考えられる。

(6) 福沢桃介の貢献

　福沢の鉄道事業への関わりを，鉄道会社の展開とともに見てみよう。愛知電気鉄道と東海道電気鉄道は，両社の合併によって神宮前〜豊橋間の開通へと至

った。美濃電気軌道は名古屋鉄道に株式が引き受けられ，両社が合併し，名古屋と岐阜をむすぶ路線拡張へと繋がっていった。福沢の鉄道事業への関わりは数としても，期間としても，限定的であったが，中部圏の地方鉄道の長距離路線化を促し，やがては名鉄というこの地域唯一の大手私鉄を誕生させるきっかけをつくったといっても過言ではない。福沢の「東京大阪間高速度電車構想」は，以上のような展開と京阪電気鉄道との接続のなかで飛躍させたものであったと考えられる。すなわち，電源開発をすすめるなかで電力供給先としての鉄道に注目した福沢は，東海道電気鉄道や美濃電気軌道への関わりをもち，関西方面への電力供給に際して京阪電気鉄道と関係を深めると，同社の中部圏への進出を聞くなかで，「東京大阪間高速度電車構想」を着想したのであろう。順序としては，着想が最後であっても，鉄道への関わりをもった時から地方鉄道の拡張を予測していたと思われる。

　ところで，以上に見たように，1910～20年代の鉄道と電力の発展はともに「長距離」への展開であった。大同電力が中部圏から関西圏へと展開していったように，京阪電気鉄道は関西圏から中部圏へと展開していった。ところが，関東・関西圏では郊外と都市をむすぶ地方鉄道の長距離路線が目立ったものの，中部圏では同様の展開をする有力な地方鉄道はあらわれなかった。宇治山田（伊勢）から名古屋へと路線を延伸した伊勢電気鉄道が破綻に至ったときは，大阪電気軌道（近鉄）系列の参宮急行電鉄がこれに出資したことで，関西基盤の近鉄の中部圏進出をゆるした[32]。中部圏から関西圏に進出した地方鉄道はなく，ましてや中部圏と関東圏をむすぶ地方鉄道は存在しない。中部圏は消極性・排他性が特徴で，福沢はその特性にたびたび嫌気がさしていたとされ，福沢の中部圏での活動は異質であり，保守性の強い中部財界をかき回した「よそ者」として評価されることが多い[33]。それは「本業」の電力事業のみならず「傍系」の鉄道事業においても，同様のインパクトを与えた。そのインパクトは限定的なものであったがゆえに一過性のものと判断されるかもしれない[34]。しかし，福沢が鉄道に与えたインパクトは将来の路線展開の契機となるものばかりであ

った。

　政府の国有化による全国的な鉄道路線網の構築後も，地方鉄道のなかには国鉄の支線にとどまらず，国鉄に匹敵する長距離路線を構築し，大手私鉄へと成長していったものがあらわれた。その背景には，免許交付姿勢の変化，地方鉄道補助法の施行など，政府の影響も大きかったが[35]，鉄道事業，ならびに電力事業も含めた事業の安定化につとめた企業者活動こそが局地鉄道にとどまらない大手私鉄が生まれる原動力であったと言える。

3．名鉄の誕生と合併の効果

　以上の経緯から名古屋鉄道と美濃電気軌道は1930年8月に合併し，名岐鉄道となった。1935年8月には名岐鉄道と愛知電気鉄道が合併し，現在の名鉄が誕生した。名岐鉄道の路線が新岐阜から柳橋までの延長であったのに対して，愛知電気鉄道が豊橋から神宮前までの延長であった。このような両路線を接続すべく，1941年8月に新名古屋駅を設置し，双方からの乗り入れがおこなわれ，ここに名鉄の名古屋本線（新岐阜～豊橋間）が全通した。

　以上のような合併がどのような効果をもたらしたであろうか。図表2-1は，戦前期における名古屋鉄道，美濃電気軌道，愛知電気鉄道が名鉄に至るまでの営業係数の推移を示したものである[36]。①は愛知電気鉄道であり，同社の営業係数は1910年代に乱高下を繰り返した後，1920年代に入ってからは低下傾向となっている。④の名古屋鉄道の鉄道事業は，1920年代前半は50～60％で推移していたが，20年代半ば以降は上昇傾向となった。③の名古屋鉄道の軌道事業は40～50％の比較的低位安定で推移した。そして，②の美濃電気軌道は③の名古屋鉄道の軌道事業に比べるとやや高い50～60％で推移したことが確認できる。さて，名古屋鉄道と美濃電気軌道が合併した後の，⑤の名岐鉄道の軌道事業と，⑥の同社の鉄道事業の営業係数を見ると，④の名古屋鉄道の鉄道事業の傾向よりもさらに悪化した上昇傾向が続いていることが確認できる。このことから，名古屋鉄道と美濃電気軌道の合併は，かえって営業係数を悪化

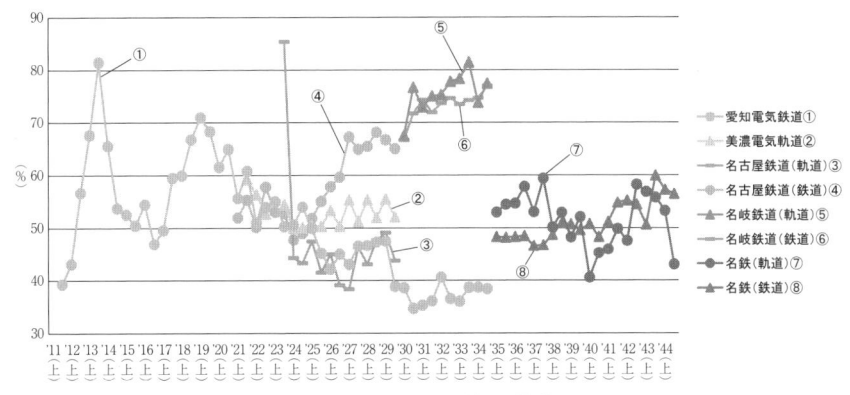

図表 2-1　営業係数の推移

出所）各社「営業報告書」各年版，より作成。

させることとなり，黒字路線が赤字路線を補うといったような成果は見られなかったことになる。これに対して，名岐鉄道と愛知電気鉄道が合併した後の，⑦の名鉄の軌道事業と⑧の同社の鉄道事業の営業係数を見ると，両者の営業係数のほぼ中間くらいの営業係数で推移していったことが確認される。したがって，名古屋鉄道と美濃電気軌道の合併に比べると，名岐鉄道と愛知電気鉄道の合併の方が，合併の効果が見られたことになる。すなわち，名岐鉄道の悪化しつつある営業係数は，愛知電気鉄道との合併によって，同社の良好な営業係数に助けられ改善されていった。採算性の悪い路線を採算性の良い路線によって補うという内部補助モデルが大手私鉄として形成された名鉄の特徴であった。

第2節　鉄道会社の多角化

　前節では，路線網拡張には，黒字路線をつくることで，赤字路線を補ったという面が見られたことを確認した。このような方法以外にも赤字路線を補う方法がある。それは鉄道事業以外への多角化である。

　初期の地方鉄道のなかには電気事業を兼営するものが多かった。鉄道の電化にともない電線を通じて沿線地域に電気を供給するというものであった。また，交通事業での多角化というのもある。バス事業をおこなうケースであり，鉄道路線と接続するかたちでおこなわれた。そのほかにも，鉄道の場合，観光との相乗効果を期待した多角化がいくらか見られる。沿線の観光地に行くために鉄道を利用すれば観光地と鉄道が相乗的に収益をあげられる。いずれの場合も，鉄道事業から派生し，鉄道事業以外での収益の確保，ないしは，鉄道との相乗効果が期待された。以下では，そのような鉄道会社の多角化の実例を順に見ていく。

1．鉄道会社による電気供給事業

　地方鉄道が地域の電力事業とむすびついていたことは多くある。電力の供給が不十分であったことから鉄道会社が電力を自給し，その余った電力を沿線地域に売っていた。1920年代に入って電力会社による電力供給が確立されるまでは，電気鉄道専業の会社よりも電気供給事業と鉄道事業を兼業する会社の方が多かった[37]。

　前節の愛知電気鉄道の概要のなかで説明したように，同社の初期の電力供給事業に焦点をあててみてみよう。図表2-2は1912年上期から1929年下期までの愛知電気鉄道の鉄道営業と電灯電力営業の収入の推移をあらわしたものである。電灯電力営業の兼営は，鉄道営業の収入不足を補うために，社長の岩田作兵衛が主導した経営手法であった。1912年2月に愛知電気鉄道は大野〜伝馬町間

図表 2-2

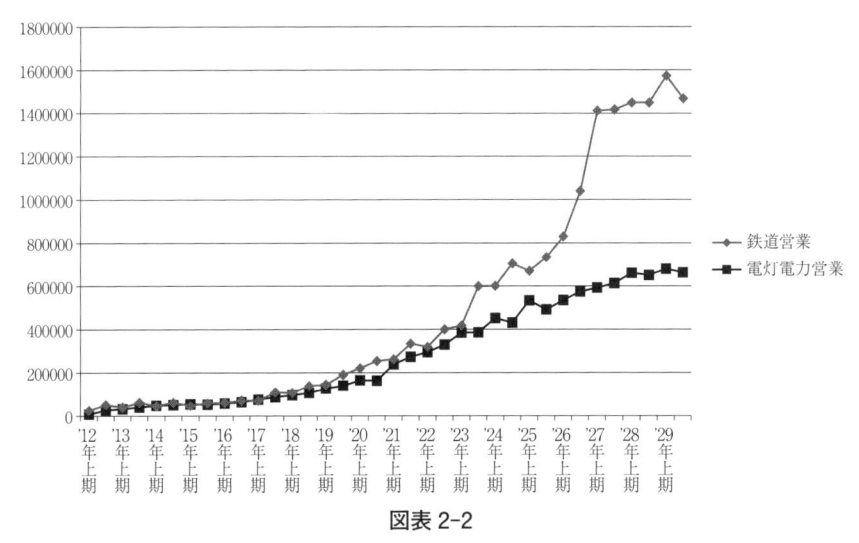

出所)「愛知電気鉄道営業報告書」各年版より作成。

を開業したが，沿線の知多半島は電灯が設置されていなかったことから，電車の架線工事に付随して電灯線を配線したのであった[38]。図表を見ると1920年代初め頃までは鉄道営業と電灯電力営業の収入はほぼ拮抗しており，電灯電力営業が鉄道営業を支えるかたちになっていたと言える。1910年代半ばには電灯電力営業収入が鉄道営業収入を上回った時期もあった。1917年下期の電灯電力について愛知電気鉄道の営業報告書に次のように記載されている。

　「本期間（1917年6〜11月）電燈電力営業は益々其需要を増加し来り。前期末と同一供給区域内に於て，電燈3125燈，電力50馬力半の新増設を得たると，西加茂郡三好村地内に対し6月8日より新たに電燈の供給を開始して288燈を得たるを以て，本期間中に於ける廃止1329燈，13馬力を差引尚2084燈，37馬力半の増加を得，成績愈良好なり。」[39]

以上の内容からは，電灯電力営業が単なる副業にとどまらず，新増設をおこ

ない,さらに需要を拡大するなど積極的な経営が展開されていたことがわかる。

電灯・電力営業は1930年4月に愛知電力を設立することで分離独立した。翌31年に同社は東邦電力に買収された[40]。同事業を譲渡した要因としては,電力業界の競争激化にともなう料金引き下げ圧力があったものの,豊橋線の建設や常滑線の複線化,西尾鉄道の買収などが重なり多くの資金を費やしたなかで,折からの不況による減収を補うためであった[41]。したがって,愛知電気鉄道にとって初期の頃の電灯・電力営業は鉄道営業を支えた重要な副業であった。

2. 戦前期鉄道会社の地域開発
(1) 中部圏鉄道会社の概観

鉄道事業以外の付帯事業はどの程度おこなわれていたのであろうか。中部圏における鉄道会社のうち「営業報告書」(1935年) が閲覧することのできたものは以下のとおりである。

・名鉄路線網
　　愛知電気鉄道,名古屋鉄道 (旧),瀬戸電気鉄道,渥美電鉄,碧海電気鉄道,三河鉄道,東美鉄道,谷汲鉄道
・近鉄路線網
　　伊勢電気鉄道,参宮急行電鉄,三重鉄道,志摩電気鉄道,北勢鉄道
・JR路線網
　　伊那電気鉄道,三信鉄道,鳳来寺鉄道,豊川鉄道
・独立型路線
　　豊橋電気鉄道,田口鉄道,三岐鉄道,北恵那鉄道,遠州電気鉄道,浜松鉄道,大井川鉄道,静岡電気鉄道

図表2-3は,それら各社の鉄道業と全事業の収支の状況を見たものである。全事業で赤字となっている企業は,およそ鉄道業が全事業に占める割合も大きく,

第2章 鉄道会社の経営 39

図表 2-3 中部圏地方鉄道会社の営業成績
(1935 年度上期)

(金額:円、割合・係数:%)

名鉄路線網

現在		愛知電気鉄道	名古屋鉄道	瀬戸電気鉄道	渥美電鉄	碧海電気鉄道	三河鉄道	東美鉄道	谷汲鉄道
1935 年時	資本金 (a)	17,091,050	19,200,000	3,000,000	2,500,000	1,800,000	4,687,500	1,400,000	700,000
	払込未済資本金 (b)	2,221,875	4,226,000	700,000	600,000	720,000	600,000	600,025	0
	割合 (b/a)	13	22	23	24	40	13	43	0
鉄道業	収入	1,670,423	1,579,900	327,755	75,625	43,178	334,048	25,479	10,708
	支出	641,236	1,216,172	229,713	70,035	28,960	171,540	18,424	14,373
	営業係数	38.4	77.0	70.1	92.6	67.1	51.4	72.3	134.2
全事業	収入	1,682,149	2,090,317	335,133	103,337	43,310	469,318	37,612	13,969
	支出	1,238,787	1,622,724	242,955	102,532	39,807	401,567	30,091	18,639
	損益	443,362	467,593	92,179	804	3,504	67,751	7,521	▲4,669
	利益率	26	22	28	1	8	14	20	▲33

近鉄路線網

現在		伊勢電気鉄道	参宮急行電鉄	三重鉄道	志摩電気鉄道	北勢鉄道
1935 年時	資本金 (a)	18,250,000	30,000,000	650,000	1,350,000	500,000
	払込未済資本金 (b)	7,350,000	7,500,000	0	0	125,000
	割合 (b/a)	40	25	0	0	25
鉄道業	収入	834,342		57,464	74,098	61,885
	支出	874,912		46,447	58,107	49,745
	営業係数	104.9		80.8	78.4	80.4
全事業	収入	839,096	1,138,266	84,632	74,488	71,270
	支出	892,805	1,085,965	84,632	73,333	58,615
	損益	▲53,708	52,302	0	1,155	12,654
	利益率	▲6	5	0	2	18

独立型路線

現在		豊橋電気鉄道	田口鉄道	三岐鉄道	北恵那鉄道	遠州電気鉄道	浜松鉄道	大井川鉄道	静岡電気鉄道
資本金 (a)		500,000	3,000,000	6,000,000	2,000,000	2,500,000	1,400,000	4,500,000	6,000,000
払込未済資本金 (b)		125,000	59,370	3,900,000	800,000	1,020,000	525,000	261,592	1,093,820
割合 (b/a)		25	2	65	40	41	38	6	18
鉄道業	収入		39,731	106,619	55,149		40,646	205,229	
	支出		47,072	58,392	33,580		30,435	92,184	
	営業係数		118.5	54.8	60.9		74.9	44.9	
全事業	収入	52,460	40,858	106,628	59,566	152,342	40,826	296,254	403,257
	支出	45,815	67,310	134,789	65,627	112,767	40,264	152,960	402,471
	損益	6,645	▲26,453	▲28,161	▲6,061	39,576	562	143,294	785
	利益率	13	▲65	▲26	▲10	26	1	48	0

JR路線

現在		伊那電気鉄道	三信鉄道	鳳来寺鉄道	豊川鉄道
資本金 (a)		20,452,000	10,000,000	2,800,000	4,800,000
払込未済資本金 (b)		9,961,600	4,024,650	1,231,095	1,750,615
割合 (b/a)		49	40	44	36
鉄道業	収入	1,221,830	65,832	48,280	
	支出	927,557	34,543	32,187	
	営業係数	75.9	52.5	66.7	
全事業	収入	1,221,830	96,221	48,659	270,435
	支出	927,557	77,574	58,402	215,689
	損益	294,274	18,648	▲9,744	54,746
	利益率	24	19	▲20	20

図表 2-4　鉄道会社の収支
1935 年 4 月 1 日～9 月 30 日　　　（金額：円，利益率：％）

三重鉄道					谷汲鉄道				
	収入	支出	損益	利益率		収入	支出	損益	利益率
鉄道業	57,464	46,447	11,017	19	鉄道業	10,708	14,373	▲3,665	▲34
娯楽機関経営業	15,727	10,211	5,516	35	自動車運輸事業	2,324	3,355	▲1,030	▲44
自動車業	11,441	9,095	2,346	21	その他の自動車業	937	911	27	3
東美鉄道					三河鉄道				
	収入	支出	損益	利益率		収入	支出	損益	利益率
鉄道業	25,479	18,424	7,055	28	鉄道業	334,048	171,540	162,508	49
自動車運輸事業	6,792	6,877	▲85	▲1	軌道業	64,266	45,101	19,165	30
その他の自動車業	1,599	2,049	▲451	▲28	自動車運輸事業	55,445	43,372	12,073	22
温泉旅館業	3,617	2,693	925	26					
石材採取業	125	48	77	62					

出所）各社「営業報告書」

鉄道業の営業係数の悪さがそのまま影響している場合があった。その場合，何らかの方法で鉄道事業の赤字をカバーしなければならないが，一つには補助金による補填がある。この点については第 3 章において詳しく述べる。路線網拡張も一つの方法であるが，ここでは，鉄道事業以外の多角化の方法を見てみよう。

上記にあげた鉄道会社のなかから，補助金や軌道業を除いた鉄道以外の収入が，全事業収入の 3 割以上を占めた鉄道会社について収入内訳を示したものが図表 2-4 である。これらの付帯事業について以下簡単に見てみよう。

東美鉄道

『名古屋鉄道百年史』によれば，1921（大正 10）年 2 月に福沢桃介の発意によって，大同電力が木曽川水系（今渡）で計画していた発電所工事のため美濃太田～八百津間の鉄道建設を出願したが，これに対抗するかたちで，名古屋鉄道もまた今渡～八百津間の鉄道を計画したとされる[42]。前節において，名古屋鉄道は岐阜方面に路線を延伸させ，最終的に美濃電気軌道と合併を果たした

ことは記したとおりであるが，上記の件は，福沢が美濃電気軌道の株式を取得し，名古屋鉄道に譲渡した時期と重なることから，これも福沢が名古屋鉄道に与えた刺激であったかもしれない。結果的には，大同電力と名古屋鉄道，これに東濃鉄道（広見～御嵩間を運行していた地方鉄道）の3社が合同し，新会社として東美鉄道が1926（大正15）年9月に設立された。東美鉄道は1930（昭和5）年10月まで八百津まで開業し，名古屋鉄道の岐阜進出を手助けするかたちとなった[43]。

東美鉄道の「営業報告書」（1935年上半期）によれば，鉄道収入に占める旅客収入が圧倒的に多かった。旅客人員は前期の13万5千人から同期は15万人へと増加を示し，好調であった。自動車運輸事業は路線バスの運行であり，約3万人の乗車人員があった[44]。自動車運輸事業は1930（昭和5）年9月に八百津自動車遊船より財産及び営業権を譲り受けて開始した[45]。詳細な事業内容は不明であるが，同事業に付帯して1935（昭和10）年9月より八百津～古井（国鉄高山本線）間で郵便物の運送を開始したとあることから，国鉄線と接続されるバス路線を運行していたと想像される。

その他の事業として貸切自動車，温泉旅館業[46]，石材採取業があるが，規模的にはそれほど大きくはなかった。

谷汲鉄道

第2章で示したように，1926（大正15）年4月に谷汲鉄道は黒野～谷汲間を開業し，美濃電気軌道が先に開通していた路線とむすぶこととなった。同社の自動車運輸事業は，1935年5月より営業を開始した。11.6kmの区間を運行する路線バスであった[47]。運行区間である黒野～神戸～三ツ屋間は，かつて谷汲鉄道が黒野～谷汲間に加えて路線免許を申請していた区間と重なるものである。資金難から鉄道路線の申請は撤回されたものの，バス路線として開業したかたちとなる。ところが，自動車運輸事業の業績は決して良いとは言えず，鉄道事業の赤字と重なって会社全体の経営を圧迫した[48]。

三重鉄道

　三重鉄道は，四日市鉄道と三重鉄道（旧）が1931（昭和6）年3月に合併してできた会社であり，三重鉄道の娯楽機関経営業は四日市鉄道から引き継がれたものである。四日市鉄道は1910（明治43）年8月に三重郡菰野村（現在の三重県菰野町）の住民が中心となって鉄道建設が計画され，同年11月に免許を得た。1913（大正2）年6月に川島～湯の山間，同年9月に川島～諏訪間，1916（大正5）年3月に諏訪～四日市間が開通した。このように四日市と湯の山をむすぶ四日市鉄道の開通は湯の山温泉への遊覧客輸送を主たる目的としていた[49]。明治期に入り活況を呈した湯の山温泉は，交通の便が悪かったことから道路の改修など改善をはかり，鉄道建設もその一環であった[50]。

　以上の3社の事例には共通して自動車運輸事業への進出が確認できた。自動車運輸事業は鉄道事業に比べると少ない資本で開業することができる。同じ収入を稼ぐのに鉄道は自動車の数倍の資本を投じなければならない。鉄道の場合，車両を走らせるための線路を自ら建設しなければならないが，自動車運行者は道路を自ら整備する必要はない。しかし，だからといって鉄道よりも自動車を運行する方が合理的であるとするのは短絡的である。鉄道は自動車に比べると一度にはるかに大量の人や貨物を運ぶことができる。自動車運行者が道路整備の費用を負担しないとはいえ，未整備の道路によって円滑な走行が妨げられる。近代産業の象徴たる大量生産・大量消費を支える大量輸送は鉄道によって成立される部分が大きく，したがって，地域の産業化がすすんだとされる20世紀初頭に各地域で鉄道建設がおこなわれたのは当然の成り行きであろう[51]。

(2)　**鉄道会社の観光事業**

　1935年時点での中部圏の鉄道会社の鉄道以外への多角化には，先に見た自動車運輸事業のほかに観光事業があげられる。自動車運輸事業は鉄道路線網の拡張を補うものであり，観光事業は鉄道沿線に娯楽施設等を兼業することで鉄

道利用にはプラスとなった。しかしながら，鉄道事業に匹敵するほどの多角化をおこなっていた鉄道会社はなかった。谷汲鉄道や東美鉄道の事例では自動車事業の利益率がマイナスとなっており，鉄道事業を支えるどころか，逆に会社全体の業績の足を引っ張った。ただし，注目されるのが三重鉄道の事例である。同社の娯楽機関経営業の売上高は鉄道事業のそれの3割程度であったが，利益率は鉄道事業を大きく上回っていた。鉄道会社による沿線観光開発は阪急電鉄による宝塚の開発がよく知られている。三重鉄道は後に参宮急行電鉄が大株主となり，同社傘下となるが，大阪〜名古屋間の連絡を計画していた参宮急行電鉄と大阪電気軌道（後の近鉄）のグループは，三重鉄道が兼営する湯の山温泉を，阪急電鉄の宝塚のように位置づけていた[52]。

また，数値には顕著にあらわれなかったものの，鉄道会社による沿線開発はおよそどの会社にも見られた現象であった。先に見た東美鉄道も温泉旅館業の兼業が確認でき，谷汲鉄道もまた谷汲山華厳寺に谷汲遊園地を開設した。その他の事例として，資料がある北恵那鉄道について確認してみよう。以下は，北恵那鉄道資料のなかから，北恵那鉄道が開通する以前（創立以前の社名は濃尾電気鉄道）において，鉄道が通過する予定の苗木町の住民らが停留所の設置を，濃尾電気鉄道とその親会社（大株主）である大同電力宛てに要望されたものである[53]。

電車停留所設置懇請書

　濃尾電気鉄道開通と同時に当区に電車停留所（昇降所）を設置せられんことを懇請す其理由左の如し
一　当区上地区は木曽川を隔て、直に中津町に隣接し呼べば即応せんとす然れども此木曽川たるや交通上の一大障壁をなし県道通ずと雖橋梁は■に上流に架する橋梁に依らんとすれば大迂回を為さゞれば中津町に出づべからず有志之を患ひ前に渡船を経営して直通を図り聊か■を補ひたりと雖然れども夏秋■曽水■々氾濫し渡川を妨げ停船■二月余に及ぶことあり於是耶迂路に■らざるべからず是区民痛患せり
一　当区は専ら物資の供給を中津町に仰げり故に交通の難易は区民生活の安定に関すること大なり
一　近時教育の進運に伴ひ当区より県立中津高等女学校通学生漸く多く官公吏員の通勤者亦少からず随て交通上の障碍は之等に対し直に一大脅威を為す
一　当区中津町の延長なるが故に近時郊外宅地として敷地の選定買収を了せるものあり関係愈密接を加へんとす
一　当区西端湧出のラヂューム鉱泉は声価次第に高く遠近よりの湯治者常に浴槽に満つ停留所設置は是等人士の特に渇望する所なり
一　当区は西に奇巖突■たる苗木城趾を擁し南東恵那の連峰を望み中に一大長江を横ふ雄大風致猥りに他の随伴を聴さゞるものあり所謂恵那峡の名は夙に天下宣伝せらる、ところ当区は探峡遊船の発着点として観光雅客の昇降地たるは勿論四時佳境未だ■遊覧者の趾を絶ちしはあらず若夫現特起工に属する大同電力株式会社木曽川堰堤作業竣功せんか巨浸直に一碧数理森漫たる一大潴水と化し白帆鬱影は更に一段の光彩を添ふべく探勝者の踵■接して到るは自然の趨勢なり
　右理由の一端を具し茲に区民連署熱誠以て停留所（昇降所）の設置を懇請候也

　　　大正十一年一月廿七日
　　　恵那郡苗木町上地区
　　　　吉村元治　［印］
　　　　　　・
　　　（以下29名）
　　　恵那郡中津町援助者

間杢右衛門　印
　　　　・
（以下 37 名）

濃尾電気鉄道株式会社　　村瀬末一殿
大同電力株式会社　　福沢桃介殿

注）■ 判読不能文字あり

苗木町に停留所を設置する必要性として，当該地域住民の通勤，通学の便に供することや，物資の移動が円滑になることが示されているなかで，「ラヂューム鉱泉」や「(恵那)峡遊船の発着点」といった当該地の観光資源があげられ，停留所設置がそれらを訪れる者にとっての利便性が高まることも指摘されている。そのことは鉄道にとっても利用者増加にむすびつくものと考えられる。さらには「郊外宅地トシテ敷地ノ選定」がされているとして，鉄道開通にともない，早くも沿線開発（外部効果）があらわれていることも示されている。

また，名古屋鉄道についても，「営業報告書」には十分な記載がなかったが『名古屋鉄道百年史』において次のような記載がある。市内線の運営が名古屋市に移管された後に，郊外線を引き継いだ名古屋鉄道は郊外路線を拡張することによって経営の安定を図った。しかし，当然のことながら郊外線は市内線に比べると人口密度が低く，交通需要も乏しかったために，旅客誘致のための知恵を絞らなければならなかった。そこで，犬山方面を中心とした沿線開拓を実施した。木曽川の河川を利用しておこなう川下りはドイツのライン川の風景と似通わせ，「ライン下り」と命名し，旅行客の誘致をおこなった。それと並行して遊園地の開設や飲食宿泊施設を建設するなど，犬山の一大観光地開発をおこなった[54]。

戦前には，鉄道会社の観光事業への多角化には，不況による苦しい鉄道営業に見舞われるなかで，鉄道以外の付帯事業の必要性があった。名岐鉄道支配人山田芳市が1930年11月25日付の雑誌『新愛知』に「私鉄と兼業」と題して寄稿した文章の一部からもその点が理解できる。

「乗客減少を嘆きつつある時，痛切に感じるのは，電鉄会社の付帯事業—大抵の地方鉄道は定款に付帯事業として土地経営をするように入れて居る—の有難味である。

小さな町を縫い合はして，都市と都市を結びつける地方鉄道は，いやでも田園の中を土盛しなければならぬ。安い田地を買って電車を走らせると急に

沿線の土地は騰貴して，或は遊園地だとか，住宅だとか，場所によっては大工場の建設さえ見ることがある。線路一本で忽ち昔の面影は失くなって仕舞う。此の時である。否この前にである。地方鉄道が付帯事業として土地の経営に注意して，将来の利益を算盤のうちに含ませておかねばならぬのは。（略）地方鉄道が何等の付帯事業を持たず，只電車一つで立って行こうと云うことは，今日の如く，一方にバスの脅威を受け，一方に深刻なる不況に禍されて乗客収入の減少を見つつある時，誠に容易な業ではない。地方鉄道の経営に忘れてならぬものは付帯事業であり，今後に於ても亦考慮すべきは之等の付帯事業で，これを離れては経営の万全を期すことは出来まいと思う。」[55]

3．戦後地方鉄道会社の事業転換

前項において，戦前期の鉄道会社の付帯事業として自動車運輸事業がおこなわれていたことが，いくつかの事例から確認された。しかしながら，地方鉄道会社の場合，複数の事業を兼業していたというよりも，本業の鉄道事業経営が苦しくなって，これに代わる事業をさがしたというのが現実であった。戦後の地方鉄道は，負担の大きい鉄道事業から自動車事業への転換が見られた。そのような経緯について，東濃地域にある駄知鉄道と笠原鉄道（両社は後に東濃鉄道駄知線と笠原線となる），ならびに北恵那鉄道の事例から見ていこう。

戦時下の交通事業の統制により，駄知鉄道と笠原鉄道が合併し1944年1月に東濃鉄道が発足した。さらに同社は1945年4月に東濃交通も合併し，同社のバス事業も加えられた。東濃鉄道は1971年5月に名鉄からの第三者割当増資を受けて傘下となった。同年6月に笠原線の旅客営業を廃止，1974年11月に駄知線の営業を廃止，1978年10月には笠原線の貨物営業も廃止し，以降はバス専業となった。北恵那鉄道も1963年3月に名鉄からの第三者割当増資を受けて傘下となった。1978年9月に鉄道営業を廃止し，バス専業となった[56]。

戦後の地方鉄道会社は大手私鉄が第三者割当増資を引き受けたことで，大手

私鉄が大株主となって地方鉄道会社の経営をコントロールした。北恵那鉄道の場合，名鉄資本となって以降，バス事業の売り上げを高め，事業構成において鉄道を上回るようになっていった。鉄道事業を廃止した後もバス専業として会社を存続させることができた。東濃鉄道の場合は，戦時期の交通統制によってバス事業を加えたが，名鉄資本となってからは鉄道事業を次々に廃止してバス専業となった。

図表2-5は北恵那鉄道の事業別売上高構成比の推移を見たものである。全売上高の半分以上を占めていた鉄道業が60年代後半以降その割合を減らし，これに代わって貸切バスやタクシーがその割合を増やしたという傾向が読み取れる。このような事業展開の背景には，資本参加を受けたことがある。1963年3月18日，北恵那鉄道の2500万円の第三者割当増資に対して，これを名鉄が引き受けたことで，北恵那鉄道は名鉄グループに入った。それと同時にトップマネジメントには名鉄関係者が就任した。名鉄は，北恵那鉄道への資本参加と同時期に，おんたけ交通，濃飛乗合自動車，大井川鉄道，東濃鉄道にも出資した。

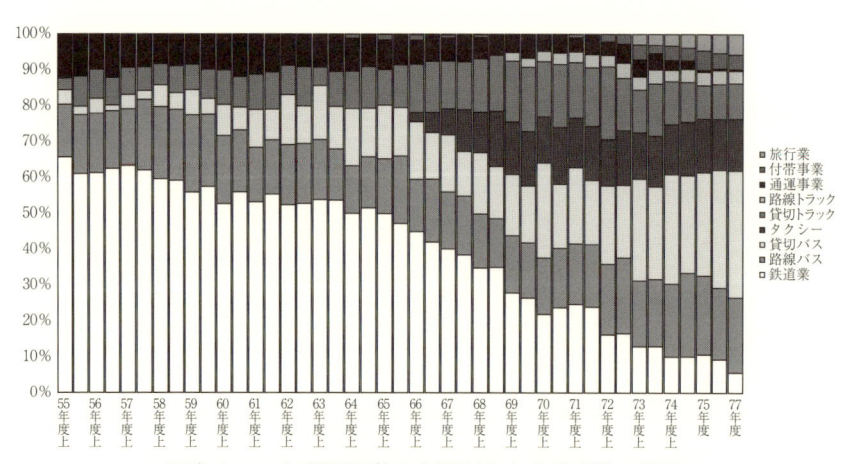

図表2-5　北恵那鉄道の事業別売上高構成比の推移

出所）北恵那鉄道「営業報告書」各年版より作成。

このような事業展開について,『名古屋鉄道百年史』によれば,「これ等の企業が相次いで名鉄グループに加入したのは,当時のローカル公共交通の危機の深刻さを物語っているが,そればかりが理由ではない。行政区画上は他県に属するものの,地理的条件・経済交通は名古屋市を中心とする東海地方の一部であり,一個の交通大系として集約されている上に,観光開発計画の面でも各々関連性を持っている」と説明されている[57]。この内容にれば,交通事業会社の戦略として公共交通事業から観光交通事業への展開であったと理解される。それは北恵那鉄道にとって企業存続の上では必要な措置であるが,同時に公共という面での地域的利害が薄れたことを意味する。とはいっても,大手私鉄が地方鉄道会社の大株主となって地方鉄道会社の経営をコントロールして以降,地方鉄道会社はバス事業会社として生まれ変わって存続することができたというのも事実である。

第2章のまとめ

　大正・昭和初期頃の地方鉄道は，地元有志によって開業したものの，輸送需要の少なさから当該路線だけで採算をとることは難しかった。そもそも鉄道建設には大規模な初期投資が必要であったため，不足する資金を政府が補助することが多かった（詳細は第3章）。それでも赤字となれば事業者自身が経営努力をしなければならない。一つは路線網の拡張である。路線を延長したり，新たな路線を建設したり，あるいは他社との合併により，黒字路線をつくることで赤字路線を補うことができた。もう一つは多角化である。鉄道事業とは異なる事業に進出し，鉄道事業の赤字を補うというものである。こうした方法は外部からの資金援助を受けずに，事業者内部で補い合うという意味から内部補助と呼ぶ。

　このような経営努力は功を奏したケースもあったが，路線網の拡張にはさらなる投資が必要となるため，その負担に耐えられなかったり，多角化の成果も鉄道事業の赤字を補うどころか，多角化事業の利益率が低く，むしろ足を引っ張ったりしたことも珍しくはなかった。事業者自身の経営努力はそれだけ難しいことであり，事業者自身が赤字路線のコストを負担することの難しさでもある。ただし，地方鉄道会社の歴史を振り返ると，赤字路線を補てんするかたちで路線網の拡張や多角化がおこなわれた経緯が明らかとなった。そのような歴史を無視して，多角化などがそもそも赤字路線を補うためではないと判断されれば，赤字路線を維持・存続する誘因とはならず，むしろ赤字路線を切り捨てることが賢明である。その点が内部補助のむずかしさであり，限界であろう。

注
1) 和久田康雄『日本の私鉄』岩波書店，1981年，5～7頁。
2) 本書では，1935年に誕生した現在の名古屋鉄道を「名鉄」と称し，それ以前に存在した名古屋鉄道（1930年以降は名岐鉄道）を「名古屋鉄道」と称して，混同しないようにした。
3) 名古屋鉄道広報宣伝部編『名古屋鉄道百年史』名古屋鉄道，1994年，97～98

4) 愛知電気鉄道株式会社「第7回報告書」(1914年)，同「第9回報告書」(1915年)，同「第13回報告書」(1917年)。
5) 1910年代は電気鉄道専門会社よりも電気供給と鉄道を兼営する企業の方が多く，20年代に至って，電気供給区域が確立されるようになると電気鉄道専門会社があらわれるようになった。その他にも，供給区域の拡大をはかる大手電力会社の傘下となるケース，余剰電力の消化のために新設もしくは電化させたケースなど，電気鉄道と電力事業とは密接な関係にあった（前掲1)，89〜90頁)。
6) 愛知電気鉄道株式会社「第7回報告書」(1914年)〜同「第13回報告書」(1917年)。
7) 前掲3)，119〜120頁。
8) 前掲3)，155〜156頁。
9) 清水武『RM LIBRARY 129 名鉄岐阜線の電車—美濃電の終焉—(上)』ネコ・パブリッシング，2010年，4頁。
10) 才賀商会については，三木理史『近代日本の地域交通体系』大明堂，1999年，第7章に詳しい。才賀商会は電気事業から後に各地の鉄道会社の設立に関わるようになった。
11) 前掲3)，78〜79頁。
12) 福沢桃介『福沢桃介の人間学』五月書房，1984年，92〜93頁（福沢桃介『桃介は斯くの如し』星文館，1913年，を再録したもの)。
13) 小林橘川『藍川清成』藍川清成伝刊行会，1953年，123頁。
14) 前掲3)，138頁。
15) 尾崎久彌編「下出民義自傳」『東邦学園五十年史』別冊，33頁。
16) 前掲3)，99頁。
17) 城山三郎『創意に生きる 中京財界史』文藝春秋，1994年，316〜318頁。
18) 『名古屋鉄道百年史』によれば，美濃電気軌道が「名古屋鉄道」に増資を依頼したとの記述があり，それが「1921年」となっている。事業報告書の株主名簿では，1921（大正9）年3月31日現在において福沢の名前を確認できる。したがって，「1921年」でも3月31日以前ということになる。しかし，名古屋鉄道の発足は1921（大正10）年6月であったため，「名古屋鉄道」に増資を依頼したのではなく，「名古屋電気鉄道」に依頼したとするのが正しい。
19) 前掲3)，124頁。
20) 「大正9年下半期　美濃電気軌道株式会社　第23回事業報告書」
21) 「大正10年下半期　美濃電気軌道株式会社　第25回事業報告書」
22) 「大正11年上半季　名古屋鉄道株式会社　第2回報告」

23) 前掲 3), 156 頁.
24) 木曽電気製鉄（木曽電気興業）の設立にあたって，福沢は，当初から主たる目的は水力電源開発にあり，製鉄業は副業に過ぎず，幸いに製鉄業が成功すれば，電力需要にも好影響となる程度にしか捉えていなかったとされる（大同製鋼編『大同製鋼 50 年史』大同製鋼，1967 年，71 頁）.
25) 大同電力株式会社社史編纂事務所編『大同電力株式会社沿革史』大同電力株式会社社史編纂事務所，1941 年，81 頁.
26) 太田光熙『電鉄生活三十年』太田光熙，1938 年，85〜87 頁.
27) 同上書，86 頁.
28) 同上書，111〜116 頁.
29) 同上書，175〜176 頁.
30) 新京阪鉄道は，京阪電気鉄道が地方鉄道法による免許取得を目的として 1922（大正 11）年 6 月に創立した会社である.
31) 京阪電気鉄道株式会社史料編纂委員会編『鉄路五十年』京阪電気鉄道，1960 年，209 頁.
32) 前掲 3), 173〜174 頁.
33) そのような評価の代表的な著作として，前掲 17) のほか，林董一『名古屋商人史』中部経済新聞社，1966 年，がある.
34) 福沢の中部圏における影響力を人脈的な繋がりをもとに分析したものとして，和田一夫・小早川洋一・塩見治人「大正 7 年時点の中京財界における重役兼任―『日本全国諸会社役員録』（大正 7 年版）の分析―」『南山経営研究』第 8 巻第 1 号，1993 年，がある．同研究において，福沢は独自のグループを形成するほどの影響力はもたなかったとされる.
35) 前掲 1), 68〜69 頁.
36) 営業係数は，鉄道事業費用÷鉄道事業収入×100 によってもとめられ，100 未満であることが望ましく，低い値であるほど採算性が良いと判断される.
37) 前掲 1), 89 頁.
38) 前掲 3), 75 頁.
39)「大正 6 年下半期　第 14 回報告書　愛知電気鉄道」
40) 前掲 3), 167〜168 頁．中部電力電気事業史編纂委員会編『中部地方電気事業史・上巻』中部電力，1995 年，192 頁.
41) 前掲 3), 166〜167 頁.
42) 前掲 3), 130〜131 頁.
43) 前掲 3), 131 頁.
44)「第 19 回報告書　東美鉄道株式会社」昭和 10 年度上半期（昭和 10 年 4 月 1

日～9月30日）．
45）「第9回営業報告書　東美鉄道株式会社」昭和5年度上半期．
46）同上資料によれば，1930年7月に鬼岩温泉株式会社の財産及び営業権を譲り受けて営業を開始したとある．
47）「第24回営業報告書　谷汲鉄道株式会社」昭和10年上期（昭和10年4月1日～9月30日）．
48）大島一朗『谷汲線　その歴史とレール』岐阜新聞社，2005年，18～19，51頁．
49）笠井雅直「湯の山温泉と四日市鉄道―戦前における地域開発の担い手と運動に関する事例研究―」『名古屋学院大学論集（社会科学篇）』第43巻3号，2007年．
50）菰野町教育委員会編『菰野町史（下巻）』三重県三重郡菰野町，1997年，286～287頁．
51）地域の産業化に関する鉄道の役割は以下の書籍を参考されたい．中村尚史『地方からの産業革命』名古屋大学出版会，2010年．石井里枝『戦前期日本の地方企業―地域における産業化と近代経営』日本経済評論社，2013年．また，日本に限らず，鉄道建設の重要性は，クリスティアン・ウォルマー著，安原和見・須川綾子訳『世界鉄道史　血と鉄と金の世界変革』河出書房新社，2012年，によって紹介されている．
52）武知京三『近代日本と地域交通』臨川書店，1994年，214頁．
53）北恵那鉄道資料「沿道町村　提出書類」
54）前掲3），119～121頁．
55）前掲3），169頁．
56）前掲3），358～359頁．
57）前掲3），360頁．

鉄道建設・運営における政府介入　第3章

第1節　鉄道における政府補助金の概観

　鉄道建設には莫大な投資が必要である。この投資を回収するにはこれに見合う料金を設定しなければならない。しかし，高い料金を設定すれば利用者は限られてしまい，鉄道の公共性は失われる。鉄道が低廉な料金でも運営されるにはどうすれば良いだろうか。この問題を解決するのが政府補助である。政府が補助金というかたちで費用の一部を負担することで低廉な料金でも事業を維持させることができるのである。

　本節では，鉄道に対する補助として，戦前期の地方鉄道補助法の内容を確認した上で，それが果たした役割を中部圏の地方鉄道を事例に検討する。具体的には，政府補助が鉄道会社によってどのように処理されたのかを各社の営業報告書をもとに確認していく。

1. 補助金の歴史と概観

　事例に入る前に補助金拠出の歴史的事情を見てみよう。明治期の日本は，「資本の蓄積が絶対的に稀少なうえに，年々の国民所得を生みだす第一の要因たる労働がいまだ近代化していないとすれば，私的投資に期待できない以上，なんらかの形で日本経済の方向を決定し，それを育成するものとしての政府の役割が前面にでることは敢て疑問をさしはさむ余地がない」とされる[1]。しかしながら，問題は補助金が資本不足を補うものとして拠出されたかどうかである。

同書の指摘にもあるように,例えばそれが「私鉄への建設補助金,造船奨励金等は,生産手段として固定する私的資本化がそのねらい」であれば,資本の蓄積に貢献するのに対して,「私鉄や日本郵船に交付された利子または利益(配当)補給金は,それが配当される限り,当該個別資本の蓄積に貢献しえない」のである[2]。この点は本書が注目する部分であり,補助金が鉄道会社の経営に実際にどのような影響を及ぼしたのかを検討することにする。

大川一司編,江見康一・塩野谷祐一『長期経済統計7・財政支出』(東洋経済新報社,1966年)によれば,1880年以降10年毎に見ると,産業補助金が全補助金に対して60％を超えたのは1890, 1900, 1940年であった。このうち1890年と1900年については,「民間企業の勃興を奨励・育成するための国家による生産的補助金を必要とした時期」であったとされる[3]。政府補助金は近代化の過程において重要な位置をしめたのであった。

補助金が当該産業の発展にどのような効果をもたらしたのかについて集中的に論じられてきたなかで,長妻廣至は,近世からの連続性のもとに御普請が地域単位の利益要求から政府への補助金要求となっていったことを指摘した。補助金拠出の根拠に地域利害との密接なむすびつきがあったとしている[4]。そのことは松下孝昭の研究において,地方への鉄道敷設にあたり地域利害が大きく反映されていたという指摘と整合するものである[5]。

ある地域に鉄道が敷設されれば,地域住民にとって移動の際の利便性が高まるばかりか,観光客にとっても当該地域に訪れやすくなる。地域住民はもとより,商業,産業にも好影響をもたらす。しかし,鉄道会社は料金を徴収するとはいえ,すべての便益を獲得できるわけではない。ここに正の外部性という問題が発生する。沿線地域の便益(社会的価値)は鉄道会社の便益(私的価値)よりも大きいことが,民間の鉄道敷設推進を阻害するというものである。このような問題を解決する役割が政府にもとめられる。政府が民間の鉄道建設に補助金を与えることで鉄道会社の私的価値は社会的価値に等しくなり,鉄道建設

がすすむ。これが鉄道事業者に対する政府補助の理論的根拠である。明治期において，こうした民間の鉄道建設推進を補助する法律として成立したのが，軽便鉄道補助法，ならびにその後継の地方鉄道補助法であった。それでは，同法による鉄道会社に対する政府補助は，理論どおりに鉄道の社会的価値と鉄道会社の私的価値を埋め合わせ，民間の鉄道建設を推進するものとなったのであろうか。この点が本章で疑問とするところである。

1906（明治39）年3月の鉄道国有法によって多くの私設鉄道が買収された。買収された鉄道（国有鉄道）は幹線を構成するものであり，それ以外の私設鉄道は局地的，部分的な鉄道と位置づけられた。幹線を補完する支線としての活動の余地が私設鉄道には残されていた。しかしながら，私設鉄道法（1900年10月施行）では，建設・営業に際して法的手続きが非常に煩雑であった上，施設の規格も幹線輸送の基準に従ってかなり高かった。1910（明治43）年8月施行の軽便鉄道法は私設鉄道法による制約を緩和したものであり，これ以降に新設された鉄道は同法によった。また，私設鉄道からも軽便鉄道に指定変更をおこなうものが続出した。1911年3月には軽便鉄道補助法が公布され，翌12年1月に施行された。1918（大正7）年に足尾鉄道が国有化され私設鉄道が消滅すると，1919年4月には地方鉄道法が公布，同年8月に施行された。同法は私設鉄道法と軽便鉄道法を廃止して，これらを統一した法規であった。同日に軽便鉄道補助法も，地方鉄道補助法に改められた。

以上に示したように，地方鉄道に対する政府補助は，軽便鉄道補助法を前身とする地方鉄道補助法に基づいて戦前を通じておこなわれた。まず軽便鉄道補助法の主な内容を示すと以下の通りである[6]。

(1) 軌間2フィート6インチ（762mm）以上の軽便鉄道であって，毎営業年度における対建設費益金が1年5分に不足するものにつき，開業の時から5年を限度としてその不足額が補助支給される。

(2) 補助金の年額は，初年度において25万円，以後毎年度に25万円を累加し125万円までを限度とする。
(3) 補給された対建設費益金が1年8分以上にのぼる場合はその超過額の2分の1を充当して補給総額を償還する義務がある。

　軽便鉄道補助法の趣旨は「国有鉄道がその培養線として民営鉄道を大いに普及させる栄養を受けることによって，その収益を一層殖やそうとする」ものであった[7]。補助の対象には，国有鉄道の培養線となるもの，収益状態が将来好転すると認められるもの，既設鉄道の延長その他産業の発展に寄与することが顕著と認められるものなどであったとされる。そして，これを引き継いだ地方鉄道補助法による補助の方法は次のとおりであった[8]。

(1) 地方鉄道の毎営業年度における益金が建設費に対し1年5分の割合に達しないときは，政府はその鉄道営業開始の日から10年を限ってその不足額を補給する。ただし，営業収入の営業費に不足する金額に対しては，これを補給することができない。
(2) 補助金計算上の営業費は，実際営業費と公式営業費との和の折半額とする。
(3) 補助は10年の期限付きで，補助法施行の日から10年を経過したとき，すなわち1922（大正11）年1月1日以降においては，政府は新たに補助することができない。

　このうち(1)は1921（大正10）年3月の地方鉄道補助法の一部改正により，補助率について年5分の補助が7分に改められ，1933（昭和8）年3月の改正では6分に引き下げられた。また，(3)の補助期限も1932（昭和7）年1月1日以降に延長したものの，1931年3月時点で，1931年3月31日以降の免許申請，32年以降に免許を受けたもの，37年以降の営業開始については補助を受けられないものとした[9]。以上により地方鉄道に対する補助は1930年度に補助鉄道数百社，補助金額約750万円のおよそのピークに達して以後は，これと同程度で推移した[10]。

　軽便鉄道補助法と地方鉄道補助法において示されたように，補助の対象とな

ったのは，建設費に対して利益金1年5分に達しない不足分についてのものであった。鉄道建設は建設費に莫大な初期投資が必要とされるが，これを償還するための利益が不足すれば，政府がそれを補填するというものである。端的に言えば，採算性の悪い鉄道を政府が補助したことになろう。このような理解のもとに次項では，中部圏の地方鉄道会社を事例に政府補助金が付与された実態を観察してみよう。

2. 中部圏における地方鉄道への政府補助金の動向と使途
　　―1916〜1935年―

　図表3-1は，鉄道会社各社のそれぞれの年次の営業報告書にもとづき，政府補助金が貸借対照表（表中①），損益計算書（同②），ならびに利益金処分案（同③）のいずれに記載されているのかを見たものである。なお，利益金処分案として配当性向が100％を超えたもの，あるいは損失が出ているにもかかわらず配当がなされたものについては別記（表中●）した。配当性向が100％を超えるということは，当期利益金以外，すなわち積立金を取り崩し，繰越利益を使うことで配当がおこなわれたことを意味する。そして，この場合，政府補助金が配当に充当されたことになる。たとえ，配当性向が100％未満であっても，当期損失であれば配当ができないにもかかわらず，配当がおこなわれていれば，その場合も政府補助金が配当のために使われたことになる。

　1916年度の愛知電気鉄道，1930年度の北恵那鉄道，大井川鉄道，鳳来寺鉄道，志摩電気鉄道は配当性向が100％を超えた。1921年度の伊勢電気鉄道と養老鉄道の場合，ともに当期損失は出ていないが，全事業の収入に政府補助金が含まれ，これを除いた場合は損失となった。配当性向は100％を超えてはいないが，実質的には損失であるが配当がおこなわれたことになる。16年度と21年度はサンプルが少ないために傾向として示すことはできないが，政府補助金が記載された鉄道は，それを配当に向けた場合が多かった。30年度には補助金を付与された企業が多くなっているが，このことは政府補助金が鉄道建設を

図表 3-1 中部圏地方鉄道への政府補助金

所在地	現在	1916〜35年に存在した鉄道	備考	1916年度 ①	②	③	1921年度 ①	②	③	1930年度 ①	②	③	1935年度 ①	②	③
愛知・岐阜	名古屋鉄道	名古屋鉄道	1935年合併(1930年より名岐鉄道)												
		美濃電気軌道	1935年合併(1930年より名岐鉄道)		―			―			―			―	
		愛知電気鉄道	1935年合併	○		●									
		各務原鉄道	1935年合併		―			―							
		瀬戸電気鉄道	1939年合併												
		渥美電鉄	1940年合併、1954年に豊橋鉄道(現在)に譲渡	不明				―							
		碧海電気鉄道	1941年合併		○			―		○			○		
		三河鉄道	1941年合併					―		○			○		
		東美電鉄	1943年合併					―		○			○		○
		谷汲鉄道	1944年合併					―					○		
愛知・三重	近畿日本鉄道	伊勢電気鉄道 (伊勢鉄道)	1936年合併		○		●	●		○			○		
		養老鉄道	1929年伊勢電気鉄道に合併、2007年に近鉄から養老鉄道 (第二種)に継承	不明				―			―			―	
		参宮急行電鉄	1936年合併		―			―							
		三重鉄道	1965年合併(1931年より三重鉄道)	不明			不明			不明					
		四日市鉄道	1965年合併(1931年より三重鉄道)	不明			不明								
		志摩電気鉄道	1965年合併(1944年より三重交通)		―			―		○		●			
		北勢電気鉄道 (北勢鉄道)	1944年三重交通に合併、2003年に三岐鉄道(現在)に譲渡	不明				―			―			―	

第 3 章 鉄道建設・運営における政府介入　61

県	鉄道会社	備考	①	②	③		
愛知	豊橋鉄道		-	-		○	○
	豊橋電気軌道		-	-			○
	田口鉄道	廃線(1968年)	不明	不明			
三重	三岐鉄道		-	不明		○	
愛知	尾張電気軌道	廃線(1937年)	-	不明			-
岐阜	北恵那鉄道	廃線(1978年)	●	-			-
静岡	光明電気鉄道	廃線(1935年)	○	-			
	遠州電気鉄道		-	-			
	浜松鉄道	廃線(1964年)		不明			
静岡	大井川鉄道		○	-		○	
	静岡電気鉄道		●	-			
	駿豆鉄道			不明			不明
	伊豆箱根鉄道			-			
愛知・長野	JR飯田線	1943年国有化		-			
	伊那電気鉄道(伊那電車軌道)	1943年国有化		-		○	
	三信鉄道	名鉄より買収(1943年)		-			
	鳳来寺鉄道	名鉄より買収(1943年)	●	-	○		
	豊川鉄道			-			

注1）−は当該年に存在しない場合。
　　不明は当該年に存在したが史料がない場合。
2）各年の番号は計上されている財務諸表の種類を示している。
　　①貸借対照表借方
　　②全事業ないし鉄道事業収入
　　③利益金処分（うち配当性向が100％を超えた場合、もしくは損失であるにもかかわらず配当がなされた場合は●）

出所）各社「営業報告書」より作成。

促した結果であると言える。そのなかには，35年度も引き続いて計上されているもの，それが見られなかったものがある。必ずしも連続していないが，政府補助が継続したのは，名古屋鉄道の1940年代の合併会社の事例に見られるように，路線距離の短い局地鉄道会社に多かったようである。

　ここでは政府補助金が配当金の原資となっていたことが確認されたが，補助をもらってまで配当をするという見方をすれば，これは不適切だと非難されることになろう。しかしながら，対建設費益金年5分を基準として政府補助金が出される以上は，こうした事態は当然の成り行きである。莫大な建設費を政府が補助することで鉄道建設を促す一方で，さほど利益が出なくとも，政府が補助することで維持・存続を可能とさせる。政府補助金の及ぼす影響として，前者を意図しながらも，後者の実態が生じていた結果となろう。この点について，次節では北恵那鉄道資料を用いて，政府補助に関する北恵那鉄道の経営行動について詳細な分析を試みる。

第3章 鉄道建設・運営における政府介入　63

◆第2節　政府補助金の弊害　―北恵那鉄道の事例―

　北恵那鉄道は中津町～下付知間で開業した。大同電力の電源開発にともなう付帯事項によって敷設されたとはいえ，改正鉄道敷設法によれば下付知からさらに下呂までの路線が予定されていた。したがって，開業当初から地元住民からその速成をもとめて再三の路線延長を要望した。北恵那鉄道は資金不足を理由にこれを拒否し続けてきたが，突然に路線延長を申請した。結果的には却下となったものの，資金不足にあってなぜこのような行動をとったのか。その理由として補助金の存在があげられる。

　前節において，地方鉄道補助法にもとづく政府補助が赤字を補てんする役割も担っていたことから，補助金がなくなれば，鉄道会社は赤字を解消するために自らの経営努力を強いられることになる。北恵那鉄道のとった行動は補助金がなくなることに対処したものであったと考える。本節では，補助金のもたらす経営行動への影響として，北恵那鉄道を事例とした実証分析を試みる。

1．北恵那鉄道の開業から路線延長申請・却下までの経緯
(1)　水力電源開発と北恵那鉄道の創設

　大正期における水力電源開発の大部分は水路式であった。しかしながら，同方式は小規模な発電であったため発電所建設は需要地に近かった。それが昭和期になると開発が困難であった河川の上流部や緩流部に発電所が建設されるようになった。これはダムによる調整池・貯水池式と呼ばれるものである。これによって大規模発電が可能となった。このような変化には技術革新が寄与したことは言うまでもない。木曽川の水を利用して電気をおこす計画は名古屋電燈会社と日本電力株式会社が先駆的であった。前者は1908（明治41）年5月に田立水力（後の「読書」「賤母」），後者は1907（明治40）年4月に駒ヶ根水力（後の「寝覚」「桃山」「須原」「大桑」）のそれぞれ水利権を得た。しかしながら，本

格的な木曽川開発は福沢桃介が名古屋電燈に関与（1910年取締役就任）して以後のことであった。周知のとおり，福沢は「一河川一会社主義」を提唱し，積極的に大規模なダム式電源開発をすすめた。こうした企業家の活動が電源開発の転換をもたらしたが，しかしながら，その際にはどうしても避けては通れない問題があった。それは木曽川の流材問題である。

　水路方式からダム方式による水力電源開発の転換には河川を利用しての木材の運搬を遮断した。そうした問題を解消して初めてダム式は成功したのである。その問題解決の手段として森林鉄道を建設し，これによって木材を搬出する方法がとられた。大同電力の社史にも，「木曽川水力開発最大の障害であった流材問題は，中央線の駅迄の連絡設備として森林鉄道を敷設し，凡て陸送に依ることゝなって解決されたのである」と記されている[11]。

　こうした経緯のもとに設立された鉄道会社の一つに北恵那鉄道株式会社がある。

　北恵那鉄道は日本最初の高堰堤式発電所である大井水力発電所（岐阜県）の開発にともない付知川から木曽川を経た流材を遮断することとなったため建設されたものである。大井水力発電所の許可に際しては次のような条件が付けられた[12]。

〈付帯命令書条項抜粋〉

許可を受けたる者は其費用を以て木曾川支流付知川通適当の場所に木材陸揚の設備を施し且該陸揚場より中央線坂下駅又は中津川駅と連絡すへき軽便鉄道を布設して付知川筋より伐出する木材を運材者の請求に基き六ヶ月以内に安全に中央線停車場迄運搬すへし，但其運賃に就ては帝室林野局の定むる価格に依るへし

第七条　水力工事中木曾川本流を遮断すへき堰堤工事及之に伴ふ仮締切工事は前条の軽便鉄道及陸揚設備を完成したる後にあらされは着手すること得す
水力工事中木曾川本流を遮断すへき堰堤工事及之に伴ふ仮締切工事は前条の軽便鉄道及陸揚設備を完成したる後にあらされは着手することを得す

こうして1922（大正11）年2月に北恵那鉄道が創立され，24（大正13）年8月には中津町〜下付知間の22.1kmが開通した。大同電力が建設資金を負担するかたちで鉄道建設が推進されたわけである。だが，これとほぼ同じ時期の1922（大正11）年4月公布の改正鉄道敷設法では，全国路線網の拡充をすべく地方線（ローカル線）を中心として別表に予定線149線が記された。その後順次52路線が追加された。そのうち「岐阜県中津川ヨリ下呂附近ニ至ル鉄道」（中呂線）が予定線とされた。なお，中呂線の一方の「中津川」については1892（明治25）年の鉄道敷設法にもとづき，1894年に官設鉄道の中央本線が西筑摩線をルートとして建設されることとなり，1902（明治35）年12月に中津駅（1911年6月より中津川駅）が開業した。他方の「下呂」については，1930（昭和5）年11月に岐阜〜下呂間が開通した。同路線は「岐阜県下岐阜若ハ長野県下松本ヨリ岐阜県下高山ヲ経テ富山県下富山ニ至ル鉄道」（高山本線）として，鉄道敷設法において予定線とされた区間にあたる。このため北恵那鉄道は開業以来，下呂までの延長をめぐって地域住民から再三再四の要望がなされることとなった。

　なお，北恵那鉄道の地域住民について定義しておくと，北恵那鉄道が敷設された恵那郡中津町，同郡苗木町，同郡福岡村，同郡付知町（以上，現在は中津川市）のほか，改正鉄道敷設法の「岐阜県中津川より下呂附近に至る鉄道」の未成線部分にあたる恵那郡加子母村（現在は中津川市），益田郡竹原村，同郡下呂町（以上，現在は下呂市）までも含めて対象とする。

(2)　地域住民からの路線延長要望

　以下において，路線延長をもとめる地域住民の要望の一端を見てみよう。資料①は，1926（大正15）年3月2日付で，中津商工会会頭，加子母村商工会長，ならびに中津町，苗木町，福岡村，付知町，加子母村，竹原村，下呂町の各町村長をはじめとする76名の連署によって，鉄道大臣仙石貢宛てに提出された「私設北恵那鉄道に連絡すべき省線敷設の儀歎願書」の内容である[13]。

【資料①】

大正十三年八月北恵那鉄道開通し以来，物資の集散其他に於て吾等住民の利益する所甚大に御座候。然るに奥飛騨との連絡を図る上に於ては，尚現在北恵那線終点たる付知町より県下益田郡下呂に於て御省飛騨線に連絡するを得ば，此の上の利便至上にて沿道住民の福利を増進可仕と奉存候。鉄道網に依れば，前路線は御省予定線として御編入有之候趣如聞は誠に幸いの儀に存じ罷在候。鉄道の必須たる今更喋々要せざる次第に候間，何卒格別の御詮議を以て前述予定線敷設の儀，至急御実施被成下度奉願上候。

この内容によれば，「北恵那線終点たる付知町より県下益田郡下呂に於て御省飛騨線に連絡」する要望であるが，それは改正鉄道敷設法による「予定線」であったことから，いち早くこれを実施すべきであるとしている。興味深いことは，この歎願書が「私設北恵那鉄道に連絡すべき省線敷設の儀」と記されていることである。地域住民にとって，予定線の開通は，北恵那鉄道の路線延長によらなくとも，いわば，その実施主体が誰であろうと構わなかったことは，その矛先が「省線」に向けられたことの証である。この歎願書の提出に先立つ3月1日付で，中津商工会頭の間鶴助によって，北恵那鉄道社長福沢桃介宛に，「（鉄道大臣への）請願の挙に出で速成を促す事に相成候，就ては関係会社として貴社の御賛成御調印を煩わし度，懇願する義に御座候，何卒御調印被下成度候」として，鉄道大臣宛に省線建設を促す旨の歎願書（資料①）を提出したいから，北恵那鉄道もこれに賛成してもらいたいとする願書が出された[14]。これに対する北恵那鉄道よりの返事は，「法人の事にも有之，夫々相談致し居り候ては延引可致に付此際は差控へ置度此儀御了様被下度候」というものであり，「弊社線延長の計画に付ては，目下具体的には相成居らず，併せて御承知被下度候」と付されていた[15]。すなわち，北恵那鉄道は省線建設の歎願書提出に賛成しないばかりか，自らが路線延長計画をすすめるつもりもないという回答であった。

(3) 路線延長の申請から却下へ

資料②は，1927（昭和2）年7月20日付で，北恵那鉄道から鉄道大臣宛に提出された「地方鉄道延長敷設免許申請」である[16]。北恵那鉄道終点の下付知から国有鉄道高山線下呂まで，北恵那鉄道が路線を延長するという計画であった。先の資料では，路線延長の計画がすすんでいないとしながらも一転して路線延長を申請するという奇妙な行動がここに確認できる。

【資料②】
当会社開業線下付知駅より国有鉄道高山線下呂に於て接続すべき地方鉄道を敷設し，中央線と高山線との連絡を完成し，一般運輸の便に供し，地方開発に資し度候間，至急御免許被成下度，関係図書相添此段申請仕候也。追って既に御免許を得居候，下付知駅より付知町字島田に至る工事残余区間は，此免許申請線と連絡施工可致，従って此申請零哩は該残余区間終点附近を選定致したる次第に候。

しかしながら，この免許申請は，1931（昭和6）年9月に却下となった。その理由として鉄道大臣から北恵那鉄道に宛てられた「北恵那鉄道付知町下呂間延長線敷設願却下の件」[17]によると，「本出願線敷設は本会社の実力を以っては遂行の見込覚束なきものと認む」との判断によるものであった。その要因は，「本会社は下付知付知間延長一哩二十六鎖の工事施行認可線を有するも大正十一年十一月三十日工事着手以来，今以テ竣工に至らず，此の間竣工期限の延期を申請すること六回に及」んだためであった。ここでの記述の「下付知付知間」とは，資料②の記述のなかの「下付知駅より付知町字島田に至る工事残余区間」にあたる。すなわち，その区間が，6回におよぶ工事竣工期限の延長がされたまま，いまだに竣工に至っていないとされている。なお，1925（大正15）年1月10日付で北恵那鉄道から鉄道大臣宛に提出された「工事竣功期限伸長認可申請」[18]によれば，工事竣工期限延長の理由として，「残余の区間

は建設費の調達難く，且用地買収に至難なる個所に有之候」と述べられていた。こうした状況から，北恵那鉄道の路線延長は困難と判断され，却下となった。

(4) 路線延長のための資金上の問題

先にとりあげた資料②の「地方鉄道延長敷設免許申請」には「起業目論見書」が添付されている[19]。同記述には北恵那鉄道の路線延長にともなう「事業資金の総額及其出資方法」として「事業資金の総額を金三百四万円也とし，資本金を増加し，其払込金を以って之に充つ。経済界の事情に依り借入金又は社債金を以って払込金に代える事あるべし」という内容に注目したい。「起業目論見書」が提出された時期（営業報告書第12期：1927年6月1日〜11月30日）の貸借対照表と損益計算書について，まず貸借対照表から確認すると，北恵那鉄道の資本金は200万円であった。ただし，払込未済資本金80万円が計上されている。このような状況において，路線延長のための事業資金を増資によるとするのは極めて困難であった。その理由として，一つには全額払込済みでなければ増資ができないという商法の規定による[20]。もう一つには，したがって増資をおこなうには，未払込分が払い込まれるという条件がクリアされる必要があったからである。「起業目論見書」によれば，路線延長のための事業資金には，借入金や社債も考えられていたようである。しかしながら，損益計算書から確認すると，当期利益は赤字となっており，その原因が費用のおよそ半分を占める借入金利子負担であったことから，さらに借入金を増やすような代替策が選択される可能性は低かったと言える。路線延長は資金調達の面でも困難であったことは明らかである。

北恵那鉄道の経営は，借入金利子の負担が大きく創業から毎年赤字であった。第18期と20期には鉄道営業についても赤字を計上した。「地方鉄道延長敷設免許申請」に記されているように，この事業資金として資本金の増加のほか，「借入金又は社債金を以って（資本金の）払込金に代える事あるべし」とあり，現状よりの借入金利子負担となると，「本会社（北恵那鉄道）の実力を以っては

遂行の見込覚束なきものと認む」との判断から却下となったのであろう。

2. 企業行動の分析

　以上に見た経緯のなかで注目されるのは，路線延長に消極的であった北恵那鉄道が突然に積極策へと転じたのはなぜかという点である。路線延長は収支の上でも困難をともなう申請であったがなぜ申請したのか。無理を承知の地域住民向けのパフォーマンスではないかと推測される。しかし，この変容を説明できる資料をもとに，補助金の有無による経営行動の変化として見ていきたい。

　その前提として北恵那鉄道に対する地方鉄道補助法にもとづく補助金を確認しておこう。1925（大正14）年5月31日（第7期）から1934（昭和9）年11月30日（第26期）まで，ならびに1937（昭和12）年11月30日（第32期），1938（昭和13）年11月30日（第34期）において，貸借対照表から確認できる。その額は建設費に対しておよそ2～3％であった。1938年12月1日～1939（昭和14）年5月31日（第35期）から1944（昭和19）年12月1日～1945（昭和20）年5月31日（第47期），および1945年12月1日～1946（昭和21）年5月31日（第49期）については損益計算書の収入に政府補助金が確認できる。その額は建設費に対して1％にも満たない少額であった。ただし，第35期以降は損益計算書に政府補助金の項目が確認でき，その額はそれ以前と大きく変わりがないが，当期損益金を黒字化させている。政府補助金を差し引くと当期損益金はいずれの期も赤字であったから，政府補助金が同社の経営に与えた影響は大きかったと言える。

(1) 競争のための行動

　資料③は，坂下～下付知間に開業したバス路線に対抗するための自社のバス路線開設を請願したものである[21]。

【資料③】

下付知～下呂間省営バス御開設方請願

弊社線終点と高山線下呂駅との間には個人経営の乗合自動車ありと雖も交通機関たる使命を全ふする事を得ず殊に近年頓に著聞し来れる下呂温泉の発展と目下工事中の大同電力株式会社三浦貯水池工事完成後に於ける来往客激増することを予想する時は此の区間に運輸系統整然たる交通機関の必要を痛感すると同時に国鉄敷設網の一部にして且つ国鉄代行弊社線の経営難唯一の更生策なるを以て左に其理由を具申下付知～下呂間省営バス御開設方を請願する次第に御座候

弊社は昭和九年拾弐月拾壱日付を以て当社経営の中津川～下付知間乗合自動車を省線下呂駅迄延長運転方免許申請書提出仕候処該出願区間には既営業者ある関係上当社出願に対しては御免許至難の御意向も伺れ候

然るに当社線は国有鉄道敷設網の一部に相当り所謂国鉄代行線に有之候処中津町, 下付知間のみにては沿道の人口及物資稀薄にして運輸数量少きため収支相償はず地方鉄道御補助の恩典に浴したるも満期後は経営困難に瀕し居り候此趨勢は既設線敷設補助より予想し昭和弐年七月下付知～下呂間地方鉄道延長敷設免許を申請し高山線の全通に備へ高山～中央両線の短絡線を完成せんと企画致候処鉄道建設費に巨額を要する為め昭和六年九月一応不許可の御指令を得候

次に昭和参年七月付知～下呂間の既営業の乗合自動車と連絡運輸を為すべく両社協定同年九月自動車連絡に依る旅客運賃特定の御認可を得実施せんとしたるに対社は俄然其協定の実行を拒み剰へ其後当社線と純然平行せる田瀬～付知間に乗合自動車を出願し所轄地方長官殿に於かせられては主務大臣に稟伺せられたる事も無く突如として右平行線に御許可相成り之に依り坂下～下呂間に於ける弐個の乗合自動車経営を合併し交通機関の使命たる一般旅客の便益を忘れ及弊社線との連絡を無視し自己の利害のみを計り当社線と競争益々弊社に甚大なる打撃を与ふる現状に有之候

然るに最近御省建設局及陸運課並に名古屋鉄道局陸運課の各係官御派遣再三下付知～下呂間国有鉄道敷設及省営バス開設に関する御調査御測量を賜り之が実現は弊社は勿論過般来より沿道町村代表者に依り請願陳情致し居り御了承の如く共に熱望する所には候へ共現今の国費御多端の砌鉄道御敷設の義は巨額の費用を要する義に付之が実現は急々に運び難き羨思考せられ候就ては近時御省に於かせられては全国的に省営バス御開設に積極的御方針を樹立せらる、趣之誠に下付知～下呂間に取り待望する処に有之候之が実現は中央, 高山両線の短絡機関を完成すること、相成り又一方沿道町村の利便及地方開発と相待て弊社は更生すること、相

成る可く候間何卒特別の御詮議を賜り下付知〜下呂間省営バス御開設の御詮議を仰ぎ度此段及請願候也

　　　　　　　　　　　　　　　　昭和拾弐年拾月六日

　　　　　　　　　　　　　名古屋市東区東片端町参丁目拾参番地ノ弐
　　　　　　　　　　　　　北恵那鉄道株式会社
　　　　　　　　　　　　　　　取締役社長　村瀬末一

　鉄道大臣　中島知久平殿

　同資料において注目するのは，補助の「満期後」の行動である。経営困難から，下付知〜下呂間の延長申請をおこなったとしている。満期前にたびたび地域住民から要請があった延長は，補助金を受けていたことを理由に拒否していたことになる。補助金はあえて新しい取り組みをすることを妨げていたことになる。

(2)　地域独占のための行動

　上記では，下付知から下呂までの鉄道路線延伸という経営行動は，補助が「満期」をむかえたという裏付けがあったことを指摘した。以下では，さらに，路線延長申請が却下された後には同区間のバス路線を申請するといった経営行動につながったとされる資料をとりあげる[22]。

【資料④】
　　　　　　　　　　　　　　　　昭和拾壱年七月壱日
　　　　　　　　　　　　　　　　北恵那発第八八四号
　　　　　　　　　　　北恵那鉄道株式会社　取締役社長　村瀬末一

　名古屋鉄道局長　須田博殿

下付知,下呂間省営バス開設方請願

北恵那鉄道終点下付知駅より高山線下呂駅に至る区間は国有鉄道敷設網に編入され居り既に高山線全通の今日に於ては早晩省線開通の実現を見るへきことと待望罷在候得共多額の建設費を要する新線の御敷設は国費多端の折柄急々の実現を期し難きかとも拝察仕候

就ては近時全国各地に御開通の省営バスを以て此区間の鉄道に代行せしめられ当社線との連帯運輸御開始被下候はゞ一は以て中央,高山両線の短絡線を完成して交通上至大の利便を開くと共に他方には又過去十年間御補助の恩典に浴して地方の交通及産業に貢献したる当社鉄道の起死回生とも相成至慶不過之と被存候に就ては何卒願意御採納の上下付知,下呂間省営バス御開設方御詮議相賜り度伏て奉請願候

尚此区間に関しては当社線の延長敷設を申請したることも有之しが昭和七年十一月突如として所管行政庁の破格なる御処置に因り坂下,下呂間の競争自動車線出現したるが為め当社線は甚大なる打撃を受けて予期せざる減収を見るに至り欠損相踵ぎ経営困難に陥り候に就き自衛厚生の為め不得止昭和九年十二月下付知,下呂間を一区間とする連帯輸送専用の自動車運搬方を出願仕候処鉄道省御当務に於かせられては当社不況の主因が前記破格なる競争線の免許に在ることは御諒解を得たるも今尚御保留中にして経営上不一方苦心罷在候次第幸に省営バスの御開設を得ば此れ等の諸関係並に此区間に関する諸種の計画出願等も一掃され地方交通機関統制の実を挙ぐるに至るべく此義併せて開陳仕り候

右謹而請願仕候也

前記の請願は沿道地方の産業発展上必至の希望に有之候間是非御採納の上急々実現致し候様連署を以て奉願上候

　　　　　　　　　　　岐阜県恵那郡付知町長　　熊谷鋳太郎　印
　　　　　　　　　　　同県同郡加子母村長　　　岡崎律二　　印
　　　　　　　　　　　同県益田郡竹原村長　　　前野源左衛門　印
　　　　　　　　　　　同県同郡下呂町長　　　　岸友次郎　　印

　資料③と④の内容にもとづいて,北恵那鉄道の延長敷設申請から同社下付知～下呂間の自動車運輸申請までの流れを示すと,以下のようである。

1927（昭和2）年7月，	下付知〜下呂間鉄道延長敷設申請
1928（昭和3）年7月，	付知〜下呂間営業の乗合自動車との連絡運輸を協定
1928（昭和3）年9月，	連絡の旅客運賃特定の許可
	乗合自動車側が拒否し，田瀬〜付知間の乗合自動車の出願（許可）
1931（昭和6）年9月，	下付知〜下呂間鉄道延長敷設申請却下
1932（昭和7）年11月，	坂下〜下呂間の他社自動車路線の開設
1934（昭和9）年12月，	下付知〜下呂間の自動車運輸申請

　北恵那鉄道は1927（昭和2）年7月に下付知〜下呂間の鉄道路線延長を申請したものの，1931（昭和6）年9月に却下となった。しかしながら，その直後の翌32年11月に他社が坂下〜下呂間に自動車路線を開設した。北恵那鉄道は1934（昭和9）年12月に下付知〜下呂間の自動車線を申請したが，1936（昭和11）年7月1日時点の資料④においては「今尚保留中」と記されている。北恵那鉄道が一般乗合旅客自動車運送事業を開始したのは1953（昭和28）年4月のことであり，「今尚保留中」であった自動車線申請は戦前までにはとうとう許可されなかったことになる。

　興味深いのは北恵那鉄道の自動車線申請の理由である。自社の鉄道路線延長申請は却下となったが，坂下〜下呂間という自社鉄道路線と一部並行する他社の自動車線は開設されたこと，ならびに，そのために自社鉄道路線が「経営困難」となり，「自衛」のため自動車線を申請したというものである。

　鉄道路線延長申請の経営行動は補助金がなくなったことを背景とし，同区間での自動車線申請の経営行動は行政の対応の変化のためであり，換言すると規制緩和ということになろう。

　資料④のなかに記されているように下付知〜下呂間において仮に「省営バス」が開設されれば，北恵那鉄道路線と連帯されることで，同一区間のその他の計画，出願は一掃され，地方交通機関が統制されるとしている。したがって，他社に認可されたことの「規制緩和」を非難し，統制を強化すべきことが示され

ているのである。

　北恵那鉄道と連絡する省営バス路線の開設に対する請願は，資料③が鉄道大臣宛に北恵那鉄道が提出したものであるが，資料④は付知町長，加子母村長，竹原村長，下呂町長が連名したかたちとなっている。このことは，中津〜下呂間の交通をめぐっては，鉄道であろうが，バスであろうが，さらには政府，北恵那鉄道，その他の経営であろうが交通の便のない地域にとっては，地域住民にもたらす交通上の便益として差はないと考えられていることによるものであろう。しかしながら，北恵那鉄道の一連の経営行動は，競合他社に対して競争優位をもとめるものというよりも，競争を排除し，自社の地域独占をもとめるものである。そうした経営行動は地域の輸送サービス向上につながるものとは言えないであろう。

　補助金があれば，あえて新規事業に取り組むことはなかった。しかし，補助金がなくなれば新規事業に取り組む必要性が生じた。しかし，その実現は難しかったことから，政府に対して規制をもとめ，自己防衛をはかるという行動につながったのである。

第3章のまとめ

　地方鉄道補助法にもとづく政府補助の仕組みは，対建設費益金が年5分を下回ったときに補助金が出されるというものであったが，これは多額の建設費を補ったという以外にも，不足する利益を補填したという面もあった。

　後者に関して北恵那鉄道の事例からは，同社の路線延長申請が政府補助金の有無によって左右され，政府補助金があるときには既存の路線にとどまるという消極的な経営がおこなわれたほか，そのような消極性が既存の路線の利益を擁護するという行動となり，地域独占によって競争を排除しようと政府に規制をもとめるといった行動が確認された。

　鉄道と地域社会の関係を分析する際，鉄道のインフラ的役割，公共・公益性から，鉄道が地域社会に良い影響をもたらすと一般には理解される。鉄道を敷設することが地域経済の活性化につながると期待されたり，鉄道が廃線の危機に瀕すると地域住民から反対の声があがったりというような点がその典型である。そのための政府補助は地方鉄道の敷設という目的には効果を発揮した。しかし，敷設された後の競争環境の整備には不十分であったために，地方鉄道の質の向上，あるいは利便性を高めるまでには至らなかった。政府補助を受けることで企業は赤字を解消するための積極的な行動をとらなくなった。政府補助を受けて敷設された鉄道は先行者として既得権益化し，他者との競争を排除し，地域独占をもとめる方向へと向かわせたのである。

注

1) 伊藤善市「日本経済における補助金の役割」中山伊知朗編『日本経済の構造分析（下）』東洋経済新報社，1954年，154頁。
2) 同上書，156頁。
3) 大川一司編，江見康一・塩野谷祐一『長期経済統計7・財政支出』（東洋経済新報社，1966年，42頁。
4) 長妻廣至『補助金の社会史―近代日本における成立過程―』人文書院，2001年。

5) 松下孝昭『近代日本の社会と交通　第10巻　鉄道建設と地方政治』日本経済評論社，2005年。
6) 『日本国有鉄道百年史・第5巻』日本国有鉄道，1972年，38頁。
7) 『日本国有鉄道百年史・第7巻』日本国有鉄道，1971年，163頁。
8) 同上書，164頁。
9) 同上書，165～166頁。
10) 同上書，167頁。
11) 大同電力社史編纂事務所編『大同電力株式会社沿革史』大同電力社史編纂事務所，1941年，14頁。
12) 同上書，90頁。
13) 北恵那鉄道資料「総務課官庁関係9　大正14年11月～15年11月」に収録。
14) 同上資料。
15) 同上資料。
16) 『鉄道省文書』(国立公文書館所蔵：運輸省　平成9年度　3D-4-313)に収録。
17) 同上書。
18) 同上書。
19) 前掲16)。
20) 全額払込済みでなくとも新株式発行が可能となったのは1938年の商法改正後である。
21) 北恵那鉄道資料「総務課庁関係8　昭和12年6月1日～5月31日」
22) 北恵那鉄道資料「総務課官庁関係1　昭和11年6月1日～昭和12年5月31日」

第4章 鉄道と沿線地域住民の関係

第1節 鉄道建設・運営における地域住民の利害関与
―北恵那鉄道の事例―

　地方鉄道は輸送需要の少なさから赤字となっているのがほとんどである。ならば，輸送需要の少ない地域になぜ鉄道がつくられたのか。それは鉄道ができることによって地域に及ぼす影響が大きいと考えられたからである。地域住民は出資にも応じ，株主という立場から鉄道経営に積極的に関与しようとした。

　地域住民の全てが鉄道を利用するとは限らない。しかし，鉄道が開通し，人や物資の移動が活発になれば，地域経済は活性化され，地域住民は何らかの利益を受けることになるであろう。これを受益者と呼ぶ。地域住民は受益者という立場から鉄道の維持・存続をもとめるのである。

　本節では，大正・昭和初期の鉄道建設に際しての地域住民の関与について，北恵那鉄道を事例として，同社への出資，ガバナンスの面を，同社資料をもとに明らかにしたい。

1．鉄道建設と地域住民

　明治・大正期の政府施策をめぐる鉄道敷設については松下孝昭による先行研究がある。1892（明治25）年に鉄道敷設法が公布されて以後，日露戦後から1922（大正11）年に同法が全文改正されるまでの時期に，鉄道を敷設しようとする地方の動きは以下の3つに集約されると松下は指摘する[1]。

　①　鉄道敷設法が定める方式にしたがって，帝国議会を通して同法の改正を

うながし，官設鉄道の延伸を実現させる。

　鉄道敷設法（1892（明治 25）年 6 月公布）について，松下は官設鉄道の新規着工に関する手続きの定式化と，着工路線の決定に際して帝国議会を通らなければならなくなった点で，画期的であったとしている[2]。地方住民は帝国議会を通して間接的に関与するというかたちである。

② 軽便鉄道法にもとづいて，私設軽便鉄道として実現に導く。

　軽便鉄道法（1910（明治 43）年 4 月公布），軽便鉄道補助法（1911（明治 44）年 3 月公布）によって地方局地鉄道網の拡充がすすむ。これらの法律は地方鉄道法，地方鉄道補助法（1919（大正 8）年 4 月公布）に引き継がれ，全国的な鉄道網が構築されるに至る。

　軽便鉄道法と軽便鉄道補助法は，手続きの容易さ，施設・設備の簡便さによって私設鉄道ブームをもたらしたが，起業資本を結集できるだけの資力を備えていない地域においては実現できなかった。

　③ 鉄道敷設法が定める手順を待つことができず，また私設軽便鉄道会社を立ち上げるだけの資力にも欠ける地域においては，国有鉄道に軽便線を建設させた。

　改正鉄道敷設法（1922（大正 11）年 4 月公布）によって予定線と定められた大部分は地方ローカル線であった。建設着工路線の採択に際しては帝国議会の法改正を必要とせず，時々の政府の一存で決まるようになった。このことから従来までの鉄道敷設法とは根本的に性格が異なると松下は指摘する[3]。以下においては地域住民は鉄道建設に対して直接関わるようになった。

2．北恵那鉄道建設における出資
(1) 地域住民による出資割り当て

　先の章で述べたように，北恵那鉄道は，大同電力の電源開発にともなう付帯

第4章　鉄道と沿線地域住民の関係　79

条件によって建設されたものであった。北恵那鉄道「営業報告書」第1期の株主名簿から，「大同電力株式会社取締役社長福沢桃介」の名義で19,424株が保有されていたことがわかる。発行株式が4万株であったから，その保有比率は48.6％であった。そして，残りの大半を地元住民が分担して保有した。地元住民による株式保有がおこなわれた経緯について，北恵那鉄道資料によって確認してみよう。以下の2つの資料は北恵那鉄道建設に関わる沿線地域住民からの陳情書であり，そのなかに同社株主募集への住民の対応の様子が記されている。

【資料⑤】

当町は東西に狭く南北は約六哩に渉ると雖も人家密度の歩合に於て且つ諸事業の点に於て東部を併せ得る南部は実力の中心地にして，北恵那鉄道株式会社に於て鉄道敷設の儀起るや町東南部民は一般に渉り最も勢心に其創立を渇望し株式募集に際し当町の約三分の二は東南部に於て応募せしは御料材陸揚場及び終点停車場を一時たりとも南部に止められ度き真意に外ならず且つ地勢より思考するも将来町の公平なる発達は南部字■（訂正の跡があり）に終点を置くに依て生ずるものとす，然るに先日当町々会■（判読不能文字あり）議会に於て鉄道を町中央迄延長の儀陳情候も右は鉄道速成に関し町内の紛擾を可及的少からしむる為の方法にして決して大部分株主は勿論町民の希望に非ざることは御了解相得度候

【資料⑥】

本鉄道敷設は多年来地方住民の希望する処にして爾来本村に於ては多大に費用と心労を費し一日も早く之れか貫通速成を期待しつゝあり一面経営者側に於ても先に漸く予期の線路を得られ用地潰地承諾を求められたるを以て関係者は公益と地方啓発の為め雑多の苦痛を忍ひ円満に其要求に応し既に関係地主の承諾書は全部発起者に提供しあり本村内既定の線路に付ては本鉄道の将来且又吾村振興上一般住民の尤も希望する処にて随て何等一点の異議無之為めに本鉄道株式募集せらるゝや進んで応募したる者弐百人以上に及び其各持株数に於ては甚貧弱なりと雖も元来営利に眩惑せさる投機に極めて冷淡なる本村には未曾有の現象にて此所以は即ち本鉄道の歓迎為又既定線路に■（判読不能文字あり）し其利便に■（判読不能文字あり）しとする熱誠の結果にて以後本村挙て既定線の必成を期し開通後の便益を深く脳裡に画きつゝある。

資料⑤は，付知町での株式募集の様子を伝えるものである。このなかで，「北恵那鉄道株式会社に於て鉄道敷設の儀起るや町東南部民は一般に渉り最も勢心に其創立を渇望し株式募集に際し当町の約三分の二は東南部に於て応募せし」として，積極的な応募であったことが記されている。ただし，その積極的な応募の背景には停車場をめぐる町内での対立があったとされる[4]。また，資料⑥の福岡村の場合，「本村内既定の線路に付ては，本鉄道の将来且又吾村振興上，一般住民の尤も希望する処にて随て何等一点の異議無之為めに，本鉄道株式募集せらるるや進んで応募したる者二百人以上に及び，其各持株数に於ては甚貧

図表 4-1　北恵那鉄道（旧濃尾電気鉄道）の株式割り当て
(1922 年 1 月 23 日時点)

	株式種類	人数（人）	持株合計（株）	持株比率（％）
関係会社重役	1,000	1	1,000	5.61
	200	3	600	3.37
	100	5	500	2.80
	合　計	9	2,100	11.78
名古屋	500	2	1,000	5.61
	300	1	300	1.68
	150	1	150	0.84
	100	2	200	1.12
	10	8	80	0.45
	50	6	300	1.68
	20	3	60	0.34
	5	3	15	0.08
	合　計	26	2,105	11.81
東京方面	500	1	500	2.80
	300	1	300	1.68
	200	3	600	3.37
	160	1	160	0.90
	100	3	300	1.68
	50	5	250	1.40
	30	2	60	0.34
	20	7	140	0.79
	10	4	40	0.22
	2	1	2	0.01
	合　計	28	2,352	13.19

第4章 鉄道と沿線地域住民の関係　81

	500	1	500	2.80
	300	1	300	1.68
	250	1	250	1.40
	100	6	600	3.37
	70	1	70	0.39
	50	6	300	1.68
	30	3	90	0.50
	20	13	260	1.46
中津町	15	10	150	0.84
	10	75	750	4.21
	7	1	7	0.04
	5	134	670	3.76
	4	2	8	0.04
	3	32	96	0.54
	2	50	100	0.56
	1	11	11	0.06
	合　計	347	4,162	23.35
	50	2	100	0.56
	20	1	20	0.11
	10	9	90	0.50
苗木町	5	12	60	0.34
	4	1	4	0.02
	3	5	15	0.08
	2	18	36	0.20
	1	3	3	0.02
	合　計	51	328	1.84
	100	4	400	2.24
	50	1	50	0.28
	30	1	30	0.17
	20	4	80	0.45
	10	14	140	0.79
福岡（村）	7	1	7	0.04
	5	27	135	0.76
	4	6	24	0.13
	3	40	120	0.67
	2	61	122	0.68
	1	71	71	0.40
	合　計	230	1,179	6.61
付知（町）		19	3,500	19.63
付知方面増加見込扱		400	2,100	11.78
総　計		1,110	17,826	100.00

出所）「濃尾電気鉄道株式割当通知ノ件」（『株式及創立総会関係書類』）より作成。
注）原資料は福岡，付知と記されてある。

弱なりと雖も元来営利に眩惑せさる投機に極めて冷淡なる本村には未曾有の現象」であるというように，元来株式投資とは無縁の村民がすすんで投資に応じたことが述べられている[5]。図表4-1は，1922（大正11）年1月23日時点の北恵那鉄道（当時は濃尾電気鉄道）における株式割り当ての状況を示したものである。中津町，苗木町，福岡（村）の株式割り当て状況を見ると，名古屋や東京方面に比べて，10株以下の小株主が多かったことがわかる。また，中津町，苗木町，福岡（村），付知（町）および付知方面増加見込扱いを合計した沿線町村の持株比率は全体の6割超であった。付知方面増加見込扱いを除いても5割超となる。

ところで，こうした地元住民に対する株式割り当てについて，青木栄一は，地方鉄道における地域住民の出資の形態が，「町ぐるみ，村ぐるみの半強制的な出資割り当て」であったとしている。すなわち，地方鉄道における株主の地域住民らによる保有は，投資というよりは，共同体内における分担金という意識であり，「村祭りの寄付額を割り当てる時と同じ意識」であったと指摘している[6]。北恵那鉄道資料からは半強制的と判断できる資料は発見できず，むしろ地域住民がすすんで株式募集におうじた内容が多かった。青木は「半強制的な出資割り当て」＝「分担金」という理解であるが，たとえ半強制的ではなかったとしても「分担金」として捉えることはできよう。それは前節における北恵那鉄道設立経緯で見たように，大同電力からの助成が投資としての魅力を与えたというよりも，鉄道実現のお墨付きを地域住民に与えたからである。すなわち確かにおこなわれる催し事への「分担金」という意識であったと考える。また，高額面株式（額面50円）であっても地域住民の出資が可能であったのは分割払込制度の主たる機能によるものである。ただし，同制度をめぐっては株式募集時点と追加払込時とではその機能に違いがあったことに注視しなければならない。

(2) 株金の分割払込み制度における追加払込み

　以下に記す資料⑦は，1937（昭和12）年11月22日付で大同電力が北恵那鉄道に宛てた「財政整理に付回答の件」のうちの「財政整理予想」の内容である[7]。

【資料⑦】

(イ)　未払込株金徴収

借入金返済の目的を以って，大正十五年六月十二日の重役会に於て未払込株金徴収方決議せられ，其徴収期日のみ更に協議をなすこととなりたり共，其後財界は不況にして且つ弊社の大多数株主たる農山村は益々深刻となり，遂に徴収の機を得ず，今日に及べり。現状より見て未払込株金を突然実施するときは，総株式の半数以上を所有する大同電力株式会社，及之に関係する株主を除き，約八百名（大多数）の所有する一万株以上は失権となるやに思考せらる。然る此の失権となる大多数の株主は，弊社沿線の農山村民にして当初鉄道敷設熱望のため少数を分配的に所有したるものにして，此の如き苦境中より投資せられたる多額を失権せしむるは，会社経営当事者として忍び難く，故に未払込株金徴収は時前に地方了解を得るの必要あり。又一方失権株式引受方法を講ぜざる可からざるを以って，未払込徴収は急々には運び難く，十三年下期，又は十四年度より逐次徴収することと致度く，右払込金は借入金返済に充当整理致す予想なり。

(ロ)　借入金利子

現在の借入金は本年五月末日を以って契約更改期に付，爾来借入先大同電力株式会社に対し，元金は勿論，現在の年五分の金利も弊社の現状にては支払能力無き。詳細具申之れが整理方法に就き協議折渉中にして，目下は地方鉄道補助法に依る補助交付せられたる時は，鉄道省指示に依る保守改良費を支弁したる後の営業益金を金利とし，補助交付金を元金返済に充当することに了解を得たり。

(ハ)　未払金の整理

現在の未払金は借入金利子なるを以って，前項(ロ)の解決と共に減額を折渉する意向なり。

(ニ)　欠損金の整理

前項(ロ)(ハ)の決定と共に補助金を以ってするか，又は特別準備金を以ってするか決定の意向なり。

　資料⑦において二つの点に注目したい。北恵那鉄道の財務内容を改善するための方法として，一つは未払込株金を徴収しようとしていた点，もう一つは地

方鉄道補助法にもとづく政府補助金の交付をうけるとした点である。いずれの方法においても，借入金の返済にあてられ，未払金や欠損金は，借入金返済が解決した後に処理するという内容であった。政府補助金については前章で検討したので，ここでは未払込株金の徴収をめぐる地域住民の関与を見ていこう。

まず上記の結果について，北恵那鉄道の「営業報告書」のなかの貸借対照表と損益計算書によって確認する。北恵那鉄道は，1934（昭和9）年6月1日より1937（昭和12）年5月31日を期限とする95万円（年5分）の鉄道財団抵当借入[8]をおこなった。借入先は大同電力であった。北恵那鉄道の第27期（1934年12月1日～1935年5月31日）の貸借対照表において，「鉄道財団抵当借入金」95万円と「借入金」9万2,068円61銭を合計した104万2,068円61銭が計上されているが，これらはすべて大同電力よりの借り入れであった。ただし，1937年を期限とする「鉄道財団抵当借入金」は1940（昭和15）年5月31日まで返済期限が延長された[9]。さらに，1940年の返済期限は1943年5月31日まで延長されるとともに，元金は85万円に減額され，1943年の返済期限も1946年5月31日まで延長し，最終的には，1947年5月31日に元金65万円の支払いをもって完済となった。したがって，「財政整理案」に記された未払込株金の徴収は，戦前までには実施されなかったことになる。それは戦後（1947年）に実施されたが，その経緯は，いったん金融機関（十六銀行中津支店）から借り入れをおこない，これを日本発送電よりの借入金返済にあてた後に，1947年12月1日を期限とする株金払込み催促をおこなうというかたちであった。これにより徴収された未払込株金80万円（4万株）は，金融機関よりの借入金返済（65万円）と車両改造費（15万円）にそれぞれ充当された。

以上に見るように，資料⑦に示した「財政整理予想」の進捗状況について確認すると，未払込株金の徴収は戦前期においては計画倒れとなったことがわかった。これが北恵那鉄道の経営を圧迫した。「財政整理予想」を提出した電力資本側にとって，未払込株金の問題はとくに関心が強かった。それは資料⑦に

記されているように，1926（大正15）年6月12日の重役会において未払込株金の徴収が期限未定のまま決定されたとしているが，その後の不況により徴収が困難となり，いざ未払込株金を徴収しようにも事前に地元株主の了解をえる必要があり，このことがいっそう経営を困難にさせたからである。

ところで，未払込株金の追加徴収が借入金返済にあてられていたという点は，同時期の多くの企業によって普遍的におこなわれていたことが南條隆と粕谷誠の研究によっても明らかにされている。同研究では，高額面株の払込み負担の軽減や工事の進行に応じた払込み徴収による配当負担の軽減といった分割払込制度の本来の機能とは別に，1930年代の企業金融逼迫時においては，追加払込金を設備投資や負債返済等にあてられたという歴史上の事実が発見された[10]。鉄道に関して言えば，野田正穂の研究によって，鉄道の性格上，一時に資本金の全額を必要としなかったため，工事の進捗状況におうじて分割払込みする方法が採用されたという特有の事情をふまえて説明している。ただし，分割払込制度が株主に払込みを強制できる増資の一形態として採用されるようになったとし，その際の問題として，追加払込みの請求が株主の都合ではなく，株式会社の都合によるものであった点を指摘している[11]。すなわち，第1回の払込みの方法等については定款にその記述があっても，第2回以降は定款においても曖昧であったため，「第二回・第三回の追加払込みにさいして払込みの不能や遅滞に陥る株主が生ずることは決して珍しくなかった」ようである[12]。

北恵那鉄道の分割払込制度の場合，定款の第2款第12条において，「株金の第壱回払込は壱株に付金五円とし第弐回以後の払込金額及期限は取締役会に於て之を定む」とされていた[13]。この内容は，第2回以降の払込みの曖昧さ，ならびにその決定が取締役会に委ねられていたことをあらわすものとなっている。そのとおり取締役会において，第2回以降の追加払込みが決定されたことはなく，未払込株金の追徴の難しさを認識するところとなった。また，たとえ地元株主が「分担金」というかたちであっても出資ができたのは，高額面株式であ

っても分割払込制度により少額でも出資できたからである。そのような状況においてその後の追加払込みにまで応じる責任をもっていたとは言い難い。ただし，北恵那鉄道の路線延長の資金として，未払込株金が払い込まれることを前提としていたとすれば路線延長という地域社会の期待が大きかった部分については，地元株主自身が未払込株金の払い込みに応じるか否かにかかっていたことになる。したがって，路線延長を阻んだのは，前章で見た政府補助金の理由のほかに地元株主の出資行動も理由の一つにあげられる。

中村尚史は分割払込制度下における地方鉄道の取るべき行動としては「株式払い込みのみに依存する財務体質の改善」が必要であったとする[14]。しかし，北恵那鉄道の場合は，株式払込みへの依存を強めた。それは大株主である電力資本にとって，北恵那鉄道は本業である電源開発の付帯条件という枠内にとどまっていたから，必然的に鉄道経営を軌道に乗せるよりも，同社への貸付けをいち早く回収することを優先したためと考えられる。このことが未払込株金の政府補助を利用しての借入金返済を提案した「財政整理予想」の内容にあらわれていたと言える。

3．北恵那鉄道のガバナンス
(1) 電力資本対地域住民

資料⑧は，北恵那鉄道の第49回株主総会（1946年6月28日）の議事録の一部である[15]。

【資料⑧】
日本発送電株式会社は大同電力株式会社から引継に依つて当社の株式の過半数を持ち四人の重役を出して居るのでありますが日本発送電株式会社の人事異動常ならず其都度之れを当社に及ぼし当社従業員の思惑も如何かと存じ甚た迷惑をして居る次第であります
因つて従来屢々日本発送電株式会社の持株の一部又は全部を地方株主及従業員の為めに解放譲渡を懇請したのでありましたが中々聞き入れられません此の事につ

いては従業員及地方株主並に地方各位も熱心に希望され直接日本発送電株式会社当局に申入れをしたのであります

去る六月十一日重役会の当日櫻井督三氏より退任を要求されたのであります理由としては単に永年社長として来たので後進に途を開く意味だそうで何等の根拠もないものと考へられるのであります

日本発送電の様な人事異動の甚しい会社に因つて経営さるゝ結果は従業員の不安は勿論当社の業績の向上は望まれないものと思はれるのであります従つて私としましては之れを承認すること出来ないのであります

将来従業員並に地方株主のものとして立派に経営して行ける様にでもなりますれば結構だと思つて居るものであります何卒其の様御了承を願ひます

上記の内容にある「去る六月十一日重役会の当日櫻井督三氏より退任を要求された」とは村瀬末一社長のことである．すなわち，同資料は，電力資本側からの人事異動命令，とりわけ社長交代に関して，株主総会にて社長（議長）の村瀬より「之レヲ承認スルコト出来ナイ」として異議が述べられたという内容になっている．「日本発送電ノ様ナ人事異動ノ甚シイ会社ニ因ツテ経営サルゝ結果ハ従業員ノ不安ハ勿論当社ノ業績ノ向上ハ望マレナイモノト思ハレル」との記述からは，この一時期の社長交代の問題にとどまらず，電力資本の経営関与に対して，積年におよび，従業員ならびに地域住民が抱いた疑義であったと読み取ることができる．株主総会に先立つ，1946年6月15日付で北恵那鉄道株式会社従業員一同として，日本発送電総裁新井章治宛てに提出された「陳情書」[16]，ならびに1946年6月20日付で北恵那鉄道株式会社地元株主一同として同じく新井章治宛てに提出された「陳情書」[17]といった，二つの「陳情書」において，電力資本の北恵那鉄道への利害関与の弊害が指摘されていた．これらの「陳情書」はほぼ同様の内容であるため，以下のようにその内容をまとめる．

1. 過半数を保有する株主としての権利を強調せず，地元株主の議決権行使に優先的地位を与え，役員選出等においても地元民からの承認をもとめるようにすべきである．

2．株式の過半数を保有することに乗じて，地元株主を無視し，多数決によって人事を独断専行でおこなっている。
3．電力資本側から送られてくる役員は，北恵那鉄道の経営実務にほとんど関与せず，形式上の役員にすぎない。同社の経営に専念する役員を（地元株主から）選出したい。
4．地方鉄道としての使命を全うするよう地元株主と協調することを望む。これは同社従業員もまた同じ考えである。

　この陳情があった後，株主総会では，取締役と監査役の選挙，ならびに会社を代表すべき取締役の選挙の二つの議案が出され，株主からは二つの議案をまとめて選挙を省略し，議長（村瀬末一）の指名に一任したいという提案がなされた。数名の株主がこれに賛成し，議長は，取締役（村瀬末一，矢田〆治，曾我藤太郎，櫻井督三，安江茂三郎，間孔太郎）と監査役（加地代次郎，市岡年雄，清水元壽）を，また取締役のうち代表として村瀬末一を指名した。この指名に対して，日本発送電側の櫻井督三より異議が出されたものの，その他の出席株主からは異議がなかったとして上記の内容が決定された。1946年7月22日付で，発送電興業株式会社を原告とし，北恵那鉄道株式会社を被告とする上記の決議の取り消しを求める訴えがなされた[18]。
　この結末については，日本発送電の社史によれば，「昭和二十一年六月，北恵那鉄道と発送電興業との間に，株主総会の決議に関し紛争を起したことがあったが，翌年円満に解決を見，水利使用許可に伴ふ付帯条件による責務遂行に支障を与へないことを条件として，北恵那鉄道の株式を処分した」とあるように[19]，電力資本が北恵那鉄道の経営から撤退するかたちとなって決着した。これによって，村瀬は社長を留任のまま，櫻井督三らの日本発送電関係者らが北恵那鉄道の役員を辞任した。日本発送電による株式譲渡後，1951年3月31日現在の株主名簿を見ると，最大株主は社長の村瀬末一であった。ただし，村瀬は前後において株式の増加はなかった。上位20位までの株主による占有率

も24％程度に過ぎなかった。譲渡以前において上位占有率が80.6％であったことに比べると大幅な低下であった。電力資本撤退後における村瀬の社長留任は同氏の株式買い占め行動の結果によるものではなかった。

(2) 北恵那鉄道における電力資本

図表4-2は，第1～50期の北恵那鉄道役員変遷である。とくに電力資本関係者（大同電力，日本発送電）の動きに注目し，電力資本関係者を網掛けで示

図表4-2 北恵那鉄道役員変遷

	1922年（上）	1928年（下）	1939年（上）	1940年（下）	1944年（上）	1946年（上）	1946年（下）
（期）	1	14	35	38	45	49	50
取締役社長	福沢桃介	村瀬末一	村瀬末一	村瀬末一	村瀬末一	村瀬末一	村瀬末一
常務取締役	村瀬末一						矢田〆治
取締役支配人		清水省三			矢田〆治	矢田〆治	
取締役	大園栄三郎 熊谷銕太郎 市岡年雄 曾我藤太郎 牧野彦太郎 熊谷常光	大園栄三郎 熊谷銕太郎 市岡年雄 曾我藤太郎	市岡年雄 清水省三 齋藤直武	市岡年雄 武部弘成 小林宇市 清水元壽	市岡年雄 小林宇市 清水元壽 工藤正平	市岡年雄 清水元壽 工藤正平 櫻井督三	曾我藤太郎 安江茂三郎 間孔太郎
監査役	酒井一平 西尾章	酒井一平 西尾章 後藤六彌	曾我藤太郎	曾我藤太郎 加藤保一	曾我藤太郎 篠原正雄	曾我藤太郎 篠原正雄	市岡年雄 加地代次郎

した。図表から分かる特徴を以下に示す。

1. 第1期の電力資本関係者は，社長の福沢桃介と常務取締役の村瀬末一であった。第1期のトップマネジメントは電力資本関係者と地元株主のなかの上位株主によって占められた。
2. 電力資本関係者がトップマネジメントの過半数を占めるようになったのは大同電力から日本発送電に引き継がれた第38期以降のことであった。
3. 49～50期にかけて電力資本関係者が一掃されたが，電力資本関係者のうち村瀬末一だけが留任した。

村瀬は電力資本側の人間ではあったが従業員から提出された「陳情書」によれば，「村瀬社長ガ吾等従業員ノ立場ヲ最モヨク理解セラレテ公正妥当ノ指導ヲ賜ハリ」[20] とあるように，従業員は代表取締役社長の村瀬末一の功労を認めていた。村瀬は地域住民および従業員からの信頼もあった。また，第49回株主総会での村瀬の発言に見られたように，日本発送電（発送電興業）が保有する株式を地域住民に譲渡する旨に触れるなど，村瀬は地域的利害の側に立った姿勢が見受けられた。

村瀬の人物像をうかがい知る手がかりが新聞記事にある。その新聞記事の内容は，「思い切った重役整理の経緯―大同更生策」と題して，大同電力における副社長制の廃止にともない村瀬末一が平取締役に転じた理由について書かれてある[21]。減配を理由にその責任をとらせたかたちであったが，村瀬に対する「全重役および大株主の反感」があったためとしている。「経営の重大問題は増田社長の裁断に容啄し，又は之を牽制して殆ど社長実験者の如き風」があったり，「態度が少しく理論的に走り，あらゆる対外交渉において闘争的」となったり，というように，そのような態度が社内外において不快感や不安をもたれていたようである。日本発送電に移行した後も，電力国家管理に反対し

同社の要職に就かなかったことから，村瀬の立場は電力資本側というよりも電力資本に対する立場であったと想像される。

　上記はいわゆる専門的知識をもった内部昇進型の経営者（管理職社員）の台頭と投資リターンだけに関心をもったレントナー的性格を有した株主の後退として捉えることができる。北恵那鉄道に限らず，他企業においても終戦直後におこった出来事として以下の二つの要因によって説明されることが多い。① 産業化の進展とそれにともなう専門的知識の必要性，② 戦後の財閥解体等に見られる経済民主化，である。上記に示した北恵那鉄道のマネジメント改革は，かたちの上では，戦前までの①の蓄積のもとに，戦後になって②の要因を契機としておこったものとして，理解することができるであろう。

　まず，②の経済民主化の影響について検討する。当時の時代背景から，電力再編，財界追放，生産管理闘争，の３点について考えてみたい。電力再編については，日本発送電の役員辞任は電力再編以前のことであり，日本発送電の解散によるものではなかった。財界追放についてもあてはまらない。生産管理闘争については，従業員一同からの陳情書に「吾等従業員一同は現時他所に行われつゝある労働争議等の挙に出る事を欲せず」とあるように，従業員こそが生産をおこなう主体とする見方は生産管理闘争的な一面が感じられるが[22]，生産管理闘争の影響を受けつつも実際に労働運動にはむすびつかなかった。

　次に，①の高度な専門性とのむすびつきという点について考えてみよう。「専門経営者」が不在の場合，取締役は複数企業の兼任重役で，非常勤であり，特定の業務についての専門的知識や関心をもたず，業績だけに目を光らせ，資金運用や利益処分などについて発言する存在にとどまった。そのため，日常的管理業務や経営政策の立案などは「支配人」や「技師長」などの管理職社員に委任され，かれらが実質的にトップマネジメントの役割を果たしたとされる[23]。

　前掲図表4-2の北恵那鉄道のトップマネジメントの変遷から，取締役支配人

図表4-3　北恵那鉄道役員略歴
(1952年12月1日現在)

役職	氏名	略歴	常勤・非常勤
取締役社長	村瀬末一	大同電力副社長，天龍川電力取締役，矢作水力取締役，昭和電力社長等歴任	非常勤
常務取締役	間孔太郎	中津町長，岐阜県議及議長を歴任，中津商工会議所会頭	常勤
取締役	水谷金三	前総務課長，支配人，中津川市公安委員	常勤
	加藤五朗	前工務課長，総務課長	常勤
	立木三郎	前自動車課長，工務課長	常勤
	安江茂三郎	苗木町長，中津高等女学校教授嘱託を歴任，中津川市助役	非常勤
	熊谷常勝	付知町議，同町長，同森林組合長等を歴任	非常勤
	田口選一	付知町議，付知銀行監査役，付知木工専務取締役等を歴任	非常勤
	山田喜代太郎	福岡村長，同村農業会長等を歴任	非常勤
	熊崎史郎	曽根化学窯業常任監査役を経て本州製紙中津工場総務課長	非常勤
	小林慶二	福岡村議会議長，当社監査役を歴任	非常勤
	長谷川満二	前監査役，付知町長	非常勤
	伊藤公道	岐阜県議，付知町長，付知木工社長等を歴任	非常勤
監査役	市岡年雄	岐阜県議，中津町議，中津郵便局長等を歴任	非常勤
	早川安市	付知町商工会長，付知町議を歴任，付知郵便局長	非常勤
	西尾明	福岡村議会副議長	非常勤

出所）北恵那鉄道資料『業務資料』のうち「役員年令略歴一覧表」

となっている人物として矢田〆治の名前が確認できる。矢田は，電力資本関係者の非常勤取締役が退任した後において，取締役支配人から常務取締役になっている。それ以前において，会計係主任，総務，運輸，工務各係長を歴任し，支配人取締役となった。非常勤取締役が退任した後，管理職社員が内部昇進というかたちで常勤の取締役に就任したのである。

図表4-3は，電力資本が撤退した後の1952（昭和27）年12月1日現在における北恵那鉄道の「役員年令略歴一覧表」である[24]。これによれば，取締役16人のうち，「常勤」の取締役は，間孔太郎（常務），水谷金三，加藤五朗，立木三郎の4人であった。間孔太郎は地元の有力株主である。1943（昭和18）年の記録によれば[25]，水谷は主事，加藤と立木は技手であり，内部昇進であったことがわかる。水谷と立木は，従業員一同からの「陳情書」のなかで従業員代表としての連署も確認できる。村瀬を除く「非常勤」取締役のほとんどは

現職の町村長および前町村長であったり，町村議員であった。

　以上のように，管理職社員が内部昇進によって非常勤取締役に取って代わっているが，これが経営戦略の立案など高度な経営能力がもとめられたものであったのだろうか。北恵那鉄道の場合，短距離区間である上，輸送密度も低かった。それは年が進行しても変化がなかったことから，組織的にも複雑性を要しない状況にあった。したがって，高度な経営能力がもとめられるようになったとは考えにくい。

　それでは，管理職社員の内部昇進にともなう電力資本関係者の非常勤取締役退任はなぜおこったのか。

　前掲図表4-2で確認したように，地域的利害は創立当初から存在していたとはいえ，それがトップマネジメント，とりわけ電力資本関係者に対する不満が顕在化したのは，電力資本関係者がトップマネジメントの過半数を占めるようになった第38期（1940年下期）以降のことであろう。加えて再三再四におよぶ地域住民からの路線延長の要望に応えなかったことが重なり，そのことが電力資本関係者による経営の責任として，戦後の生産管理闘争の影響もあって，管理職社員の内部昇進というかたちで結実したと考えられる。

第2節　地域利害の希薄化　―路面電車の存廃をめぐる住民世論―

　前節においては，鉄道の受益者として地域住民を捉えた。もちろんその場合には地域住民は利益を受けていると考えているのであるから，存続を支援するような行動をとる。しかし，地域住民は受益者であっても反対の行動をとる場合もある。廃止に賛成する理由として，時代遅れの路面電車が街の景観を損なうというケースである。地域住民は「交通」の面では不利益を得ていると感じており，「街の景観」に対する受益者として路面電車の廃止に賛成したと捉えることができる。本節ではこのような地域住民の路面電車に対する見方という点に注目して見ていこう。

　路線電車の位置づけについて歴史の変化とともに見ていくが，日本がたどった路面電車の歴史は世界の流れを受けている面が見受けられる。そして，日本国内においては，都市から地方へとそれが影響したようである。そのような理解から以下に順を追って見ることにする。

1．路面電車開廃業の歴史　―フランスと日本―

　日本とフランスにおける路面電車の開廃業を図表4-4にあらわした。フランス・パリ市の路面電車は1930年代に世界に先駆けて廃止された。その後は50年代から60年代初めにかけて次々に廃止へといたった。日本の場合，60年代から70年代に路面電車は集中して廃止された。

　路面電車廃止の要因については，和久田康雄『路面電車―ライトレールをめざして―』に詳しいが[26]，そのなかにも示されているように，モータリゼーション化の影響が論じられることが多い。同じ道路を路面電車と自動車が共有したことで，どちらか一方を排除しなければならなくなったとき路面電車がその対象とされた。ただし，もう一つの側面として，とりわけ地方都市においてはモータリゼーション化の影響よりも都市の先駆的事例に追随するかたちで

図表 4-4　日本とフランスにおける路面電車（LRT 等含む）の開廃業の動向

(年)	フランス	日　本
1952	グルノーブル路面電車廃止	
1953	ルーアン路面電車廃止	
1957	リヨン，トゥールーズ路面電車廃止	
1958	ナンシー，ナント路面電車廃止	
1962	ストラスブール路面電車廃止	
1963		都電荻窪線廃止
1969		大阪市電廃止
1969		川崎市電廃止
1971	ラオン，ラングル路面電車廃止	神戸市電廃止
1972		都電荒川線を残し廃止
1972		横浜市電廃止
1974		名古屋市電廃止
1976		仙台市電廃止
1978		京都市電廃止
1979		福岡市電廃止
1983	リール VAL（Véhicule Automatique Léger：全自動中軌道鉄道）開業	
1985	ナント LRT（Light Rail Transit：軽量軌道交通）開業	
1987	グルノーブル LRT 開業（70% 低床車導入）	
1992	パリ LRT 開業	
1994	ストラスブール，ルーアン LRT 開業	
1997		熊本で低床車運行
1999		広島で低床車運行
2000		岐阜で国産低床車運行
2000		西鉄九州線全廃
2001	リヨン LRT 開業 ナンシー TVR（Tram voie Réservé：タイヤをはいたトラム）開業	
2002		鹿児島，高知，松山で低床車運行
2002		岡山で低床車運行
2003	ボルドー LRT 開業	
2005		名鉄岐阜地区 600V 線区廃止
2006	パリ LRT 開業	富山ライトレール開業

出所）『路面電車新時代―LRT への軌跡』，56〜57 頁。

路面電車廃止へと至った。路面電車の廃止は，海外（先進諸国）から日本へ，日本国内では中央都市から地方都市へと波及したが，その際に都市と地方の差異については検討されなかった点に問題がある。戦後日本の国土計画は国から地方へと下り，地方はぶら下がるかたちになっていたという批判があるとおりである[27]。

2. 高度成長期における路面電車廃止
(1) 都市圏

高度成長期の路面電車廃止が先駆的であった都市圏の事情を以下に見てみよう。東京の場合，東京オリンピックが契機となり，これに並行して路面電車の廃止が一挙に進んだことが記されている。

「耐久消費財の普及によって家の中での人々の暮らしが急速に変わっていったそのころ，街もみるみるうちにその姿を変えていった。東京では1964年（昭和39）に開かれたオリンピックが決定的ともいえるほど大きな影響を与えた。その衝撃はやがて東京から日本全体に拡がっていく。（途中省略）1964年のオリンピックが東京で開催されることに決まったのは1959年のことである。『オリンピックが来る以上，東京は世界に恥ずかしくない環境と施設をもつ都市でなければならない』（東京都『東京百年史・六』）。これがそれから5年，東京の『都市づくり』，いや日本全体の『国づくり』の基本的発想となった。『世界に恥ずかしくない』というようなことを，ごく素直に考えたところに高度成長の時代の真骨頂があった。オリンピックは文字どおり高度成長を象徴する出来事だったのである。ビル建設と道路工事は，オリンピックによって一気に加速した。戦前以来都市における市民の足であった市電は，バスやタクシーなどモータリゼーションの進展によって徐々に『やっかい者』扱いをされるようになっていた。（途中省略）オリンピックを前に，建設省の『都電は邪魔だ。早くはずせ』という方針を受けて都電は急速に姿

を消していくことになる。」[28]

　都電は60年代半ば頃から順次廃止され，1972年11月，27系統（三ノ輪橋～赤羽）と32系統（荒川車庫前～早稲田）を残し，全廃された。
　大阪の場合もこれと似たような経緯であった。65年4月に日本万国博覧会が大阪府千里丘陵で開催されることが決定したことをうけ，70年3月の開会日までに急ピッチでの交通網の整備がおこなわれた。道路，地下鉄が次々に整備されたのと並行して，路面電車は順次廃止され，最終的に69年3月に全面的に廃止された。ただし，大阪市の道路交通事情を万博以前に遡れば，以下の新聞記事に示されるように路面電車が自動車通行の妨げになっていたばかりか，自動車の増加が路面電車の運行にも障害となっていた。

　「市交通局の調べでは午前9時ごろ阪神国道から福島区の大阪市中央卸売市場へ入る自動車の群れがとどこおり出し，次第に東へ波及して同11時ごろから雨がふり出したため東西，南北，どの道路もぎっしり，大阪駅を中心に野田阪神線，四ツ橋線，御堂筋，扇町線などがすべてマヒ状態となった。西区川口町～福島区玉川町では，自動車が反対側車道にはみ出し，市交通局の係員が歩いて市電を誘導する始末。市電港車庫の電車はどの車も川口町を通るが約30分間にわたり電車が1台もかえってこないので運転系統はメチャメチャになった。」[29]

　すなわち，モータリゼーション化の進展は自動車と路面電車が分け隔てなく同じ道路上を走行することを困難にさせた。都市部では路面電車の廃止は現実的な問題としておこっていた。和久田の指摘によれば，第二次大戦後の路面電車は「10年で一応の復興をなしとげた各市の路面電車が次の10年で転機を迎え，なだれを打って廃止に向かった」とされる。路面電車の衰退要因として，これを取り巻く環境の問題（外的な要因）とその経営そのものの問題（内的な要因）

とに分けて以下のように説明する[30]。

外的な要因
・都市構造の変化による需要の減少
・自動車交通の増加による運行の阻害
・高速鉄道網の普及
内的な要因
・発達したバスに比べて経済面での不利
・運賃値上げの抑制
・合理化の遅れ

ただし，和久田は路面電車の需要減少の一因として「いつも自動車に乗っている有力者たちは電車を邪魔者として目の敵にしていたし，庶民も『欧米では時代遅れの路面電車などはみんな廃止されている』と間違ったことをマスコミから教え込まれていた」と指摘している[31]。ここで注目すべきは，路面電車の廃止がイデオロギー的な要素も絡んでいたということである。それは本節の課題としたように路面電車の廃止が高度成長期に全国一斉に生じた要因を示唆するものであると考える。そこで，地方にも波及した路面電車廃止の事例として名鉄岐阜線（このうち路面電車区間を便宜上以下では岐阜市内線と総称する）の高度成長期における廃止論議をとりあげて次に検討したい。

(2) 地方 ―岐阜市内線の事例―
名鉄岐阜市内線の誕生は，1909（明治43）年11月に設立された美濃電気軌道まで遡る。美濃電気軌道の歴史については第2章第1節で示したので，ここでは岐阜市内線に関する部分のみ言及する。以下に同社の路線開通の経緯を記しておこう。

【美濃電気軌道の路線開通の経緯】

岐阜駅前〜今小町間　複線 1.4km　1911（明治 44）年 2 月 11 日　※

神田町〜上有知町間　24.9km　同

終点広岡〜尾沢間　0.3km　7 月 24 日

今小町〜本町間　1.0km　10 月 7 日　※

岐阜駅前〜伊奈波通間　複線化　同

本町〜長良橋間　1.1km　1912（明治 45）年 8 月 28 日　※

岐阜駅起点延長　0.8km　1913（大正 2）年 8 月 21 日

長良橋〜長良北町間　0.8km　1915（大正 4）年 11 月 20 日　※

長良軽便鉄道（長良〜高富間）　合併　1920（大正 9）年 9 月 10 日

岐北軽便鉄道（忠節〜北方間）　合併　1921（大正 10）年 11 月 10 日

美濃町終点付近路線変更　0.9km　1923（大正 12）年 10 月 1 日

千手堂〜鏡島間　4.0km　1924（大正 13）年 4 月 21 日

徹明町〜千手堂間　複線 0.7km　1925（大正 14）年 12 月 11 日　※

千手堂〜忠節橋間　複線 1.3km　同　※

名鉄と合併　1930（昭和 5）年 8 月 20 日

　上記の区間のうち※で記した区間が岐阜市内線にあたる部分である。なお，岐阜駅前〜長良北町間（徹明町〜長良北町間は1988年6月に廃止）と岐阜駅前〜忠節間が岐阜市内線であり，路面電車として最後まで残った区間である。

　地方にとって交通の発達は地域経済の盛衰をあらわす象徴であった。この点が地方における都市との違いである。それは地方特有の都市部への追随型のイデオロギーであり，それが本項で見る路面電車廃止論であったと考える。モータリゼーション化の影響はあったかもしれないが，地域によって濃淡はあろう。以下は 60 年代初頭の岐阜市内の路面電車に関する新聞記事である。その記事のなかから路面電車の廃止が求められている理由を探ってみよう。

「岐阜市内電車について"市内の目抜き通りをノロノロ走る市電は交通ラッシュの邪魔物になり，もう五年前から廃止したいと思っていた"と松尾市長は語るが，同様に市議会交通委員会でもさきほどの委員会で"スリの温床にこそなれ，もういまとなっては市民の理想的な足とはいえない"と結論づけていた。明治四十四年の創立，当時岐阜駅前〜長良北町間に敷設されたころの市民の歓迎ぶりは大変なものだったという。その後大正三年岐阜駅〜忠節間，鏡島線，美濃町線が増設，市民の足として大活躍してきたが，時代の流れには勝てなかった。最近では一日三万人前後の乗降客しかなく，三万人を越す市営バスや二万人以上の岐阜乗合に，しだいにお株を奪われている。このため昨年四月，高富線をバス化したのが意外に好評を呼び，名鉄側では市電廃止のハラをきめたといわれる。ところで市電廃止後の市内の交通網はどうなるだろうか。七日岐阜市長室で開かれた。千田名鉄社長，松岡岐阜乗合社長，松尾市長の三者会談では，市電にかわるものは三社が統一し理想的なバス路線を敷くと発表した。三社で競っていては市民の本当の足とはいえず，交通ラッシュの緩和をかね理想的な路線を敷こうというものだ。一方モノレールはどうだろう。長良橋を起点とする羽島〜養老を結ぶ大構想で，いわば名鉄の羽島，養老進出といってよかろう。"市民の足はバスで補い，モノレールは百万都市構想の上に立っての交通機関になろう"と北田市土木課長はいう。名鉄側では市内の架線は廃止した路線の中空を走り，新岐阜デパートの二階へつなぐ案をだしているとか。すでに数年前から県町地内の名鉄岐阜車庫の移転にともない美濃線の終着駅をいまの徹明駅から新岐阜に変える計画をたてており，本線，各務ヶ原線のほか美濃線，さらにモノレールを引き込むターミナルをつくりたいところだ。デパート引き込みはドイツ，アメリカで成功しており，名鉄としても新岐阜デパートへもってくれば，文字通り岐阜市の交通機関を握ることにもなり意欲的だ。このほか途中市内の駅は一，二カ所になり，モノレールは本当の意味で市電のかわりにはならないといえる。だが，東海道新幹線から見放された岐阜市にとって百二十kmのスピード

は魅力。羽島駅まで十分余り。このモノレールにより岐阜市はかろうじて面目を保つことになったといっても過言ではない。このようにいま岐阜市の交通は大きく塗り替えられようとしている。この実現は東海道新幹線の完成する昭和三十八年度から岐阜国体の四十年までとみられ，オンボロ電車はもう数年の命になった。」[32]

この新聞記事の内容からは，路面電車よりもモノレールを新しい輸送機関として認識し，モノレールによる交通網が構想されていたことがわかる。しかしながら，その内容からは現実的な問題として路面電車を廃止しなければならない理由は見あたらず，むしろ，「ノロノロ走る」路面電車が邪魔であるがゆえに廃止するというように読み取れる。また文中にある「モノレールは本当の意味で市電のかわりにはならないと言える。だが，東海道新幹線から見放された岐阜市にとって百二十kmのスピードは魅力。羽島駅まで十分余り。このモノレールにより岐阜市はかろうじて面目を保つことになったといっても過言ではない」との言葉どおり，モノレールの路面電車に対する優位性はただスピードだけであり，高速度が求められた時代に見合う輸送機関が選択されたと判断できよう。

上記は60年代初頭の路面電車廃止論議であるが，路面電車はそれ以後も存続した。次に60年代末の新聞記事から路面電車廃止論議がどのようになったのかを見てみよう。

「交通の激化に伴い，各都市とも路面電車の撤去がクローズアップされているが，岐阜市でも昨年暮れから市民の間に市内電車撤去の声が高まり市と名鉄側が撤去の話し合いを始めた。同市の市電撤去問題が積極化したのは市議会で撤去決議をした昨年十二月。全国でもベストテンにはいる自動車増加率を示す一方四十万都市に発展，ますます人口の集中が激しい同市にとって道路の中央をゆうゆうと走る路面電車は数年前から市民に『姿の悪い能率の

悪い』(高木助役の市会での答弁) 乗り物としてうつり始めていた。それが昨年秋，金沢市が撤去した路面電車の"お古"を十台持ってきてから市民感情をいっそう刺激したようだ。また，東京都，名古屋などの大都市が路面電車撤去に踏み切ったのに力を得，市と住民を一体にして運動にまで発展させた。このため昨年十二月の市会決議いらい撤去促進の陳情があいつぎ，これまでに市商店街連盟，柳ヶ瀬商店街連合会など市中心部の繁華街をはじめ市広報会連絡協議会 (千八百六十四広報会，八万二百三十九世帯) のような全市的組織が撤去を支持している。こうした声をバックに松尾岐阜市長はさる四月二十三日岐阜市役所に土川名鉄社長を招き，市電撤去について検討してほしいと要請。この結果，両者で協議会が設置された。最近は『仮に長良北町〜徹明町間を撤去した場合』といった具体例をあげて，話し合いが進んでおり，市側としては強気の見通し。一方，名鉄側は『市電を撤去するとなればむずかしい労務問題もある。それに名鉄だけが撤去費用を負担するのは不合理』として強く反発，互いにゆずらぬかけ引きをみせている。」[33]

上記の内容からは，路面電車の運営主体の名鉄にとって，その廃止にともなう労務面や撤去費用に関わる問題があったために，実際にはなかなか廃止できなかったという事情が理解できる。しかしながら，ますます市民から廃止の声が高まったことによって，市議会が路面電車廃止について決議したとある。ただし，文中にもあるように，「道路の中央をゆうゆうと走る路面電車は数年前から市民に『姿の悪い能率の悪い』(高木助役の市会での答弁) 乗り物としてうつり始めていた。それが昨年秋，金沢市が撤去した路面電車の"お古"を十台持ってきてから市民感情をいっそう刺激したようだ。また，東京都，名古屋などの大都市が路面電車撤去に踏み切ったのに力を得，市と住民を一体にして運動にまで発展させた」という内容からは，路面電車の廃止は，路面電車が市内交通に与える問題が大きくなったというよりも，むしろ他地域の動向に左右されて，それに遅れまいとするさらなる市民感情が強まったからであると言える。

ところで，地方自治の面で60年代の日本を振り返ると，この時代の特徴の一つとして「革新自治体の時代」と言われたように，大資本中心の「企業社会」，経済成長に専念し利益誘導政治によって国民を統合する「自民党政治」および「小国主義的な外交防衛政策」という特徴をもった「開発主義国家体制」に異議を唱える社会党や共産党などの革新政党の支援を受けた知事・市町村長を首長とした自治体が相次いで誕生した。しかしながら，それはあくまでも少数派であり，「開発主義国家体制」が強く浸透した自治体が大多数であった[34]。すなわち，「開発主義国家体制」により開発が進んだ地域とそうでない地域とに分かれた。60年代の岐阜市は後者にあたり，「開発主義国家体制」による都市追随型の地域開発がなおも根強く残った地域であった。そのため，「旧式の」路面電車を廃止しようとする動きは，路面電車が存続すればするほど強まったのではないだろうか。

　高度成長期の岐阜県が，「開発主義国家体制」が根強く残った地域という理解は以下のような内容からも指摘できる。

　「このころ，国は，開発計画をつぎつぎと具体化していた。まず，昭和36年（1961）11月13日，低開発地域工業開発促進法を公布した。ついで翌37年5月10日，新産業都市建設促進法を公布した。この二法は経済的後進地域を積極的に国の資金で開発しようとするものであったが，同時に，地域開発計画を全国総合開発計画の一幹枝に誘導しようとする意味をもっていた。これを受けて生じた全国的な指定都市獲得合戦に，積極的に参加したのが岐阜市であった。岐阜市は，大垣市・羽島市から西濃3市33町村とともに，昭和37年8月6日，西濃地区新産業都市建設促進同盟会を結成し，会長に松野幸泰知事をいただいた（『岐阜市史』通史編現代）。同盟会の結成には自民党副総裁大野伴睦も出席しており，指定都市の指定を受けるための運動は，地元出身国会議員を通じておこなわれた。しかし，経済企画庁は，岐阜県の推す地域は名古屋市にちかいという理由で認めなかった。昭和38年

7月12日の閣議最終決定でも，ついに西濃地区は，新産業都市に指定されなかった。この後，岐阜県が，こうした国家規模の開発の指定を受けたのは，昭和41年（1966）7月1日に公布された中部圏開発整備法による指定があるにすぎない。岐阜県は，高度経済成長期に「基本的には政府計画から，あるいは県みずからの計画においてすら，じっさいは開発行政から放置され，自然放任の状態下にあった」（柿本国弘「岐阜県地域開発計画にかんして」『地域経済』第1集）。このように松野知事の県内でほこる政治力は，国の開発行政に対してはほとんど無力であり，全国的な高度経済成長に，岐阜県はとりのこされることになった。」[35]

岐阜市内線では，都市圏の路面電車廃止と同様に，モータリゼーション化の影響は果たしてあったのだろうか。路面電車が自動車の通行を本当に妨害していたのであろうか。そうではなく「開発主義国家体制」というイデオロギー的な要素が高度成長期の地域開発に色濃くあったことが路面電車廃止につながったと考えられる。

第4章のまとめ

　地域住民が鉄道に対してとる行動は，必ずしもその維持・存続をもとめたばかりではなく，廃止をもとめる場合もあった。その違いは，地域住民が鉄道からどのような利便性を享受していると考えているかにある。

　大正・昭和初期の鉄道は近代交通手段のない地域の孤立を避けるために地元の有志が中心となって鉄道開業を企画し，地元住民らも建設資金を出し合い，積極的な関与が見られた。その場合，鉄道の実現が人や物資の移動を円滑にすることで，地域にもたらす影響は大きいと考えられた。つまり，地域住民は鉄道から受ける利益が大きいと考えたから，彼らがとった行動は維持・存続につながるものであった。

　他方で，高度成長期の地方都市における路面電車は，モータリゼーション化の進展につれて先進国や大都市において続々と廃止されていく様を見るにつれて，路面電車を廃止することに「時代遅れ」とならないためにも，いち早くこれを廃止しなければならないという世論に見舞われるようになった。そのような場合，地域住民による路面電車への利害は薄れ，自らの居住する地域の「時代遅れ」の象徴となりかねない路面電車の存在自体を否定し，これを廃止するような行動がとられた。

　一言付言すれば，世界では路面電車が再び見直されている。ただし，一度失ったものを再生するには膨大なコストがかかる。極めて短絡的な住民世論の形成を恥じて，鉄道から受ける利益とはどのようなものかを長期的な視点から議論されなければならないであろう。

注
1）松下孝昭『〈近代日本の社会と交通　第10巻〉鉄道建設と地方政治』日本経済評論社，2005年，158〜162頁。
2）松下孝昭『近代日本の鉄道政策—1890〜1922年—』日本経済評論社，2004年，3頁。
3）同上書，4頁。

4)「陳情書」(1922年5月付) 差出人：付知町東南部株主代表10名，宛先人：北恵那鉄道（北恵那鉄道資料「沿道町村　提出書類」に収録）。
5)「陳情書」(1922年7月3日付) 差出人：福岡村長大野宗太郎，宛先人：北恵那鉄道社長福沢桃介（北恵那鉄道資料「沿道町村　提出書類」に収録）。
6) 青木栄一編『日本の地方民鉄と地域社会』古今書院，2006年，9頁。
7)「総務官庁関係32　昭和12年6月1日〜11月30日」に収録。
8)「鉄道抵当法」は1905（明治38）年3月に公布，同年7月に施行された。鉄道財団が線路，用地，工場，倉庫，事務所，車両，各種機械器具など，鉄道の業務運営に必要な財産をもって構成した統一的保証主体となって，抵当権が設定される方式である（『日本国有鉄道百年史・第3巻』日本国有鉄道，1971年，127〜136頁）。
9) この間，1939（昭和14）年4月1日に大同電力から日本発送電に債権が譲渡された。
10) 南條隆・粕谷誠「株式分割払込制度と企業金融，設備投資の関係について—1930年代初において株式追加払込が果たした役割を中心に—」『IMES Discussion Paper Series』（No. 2007-J-20）日本銀行金融研究所。
11) 野田正穂『日本証券市場成立史—明治期の鉄道と株式会社金融』有斐閣，1980年，111〜113頁。
12) 同上書，210〜215頁。
13)「定款　北恵那鉄道株式会社」（「第1期以降報告書　北恵那鉄道」に収録）。
14) 中村尚史『日本鉄道業の形成—1869〜1894年—』日本経済評論社，1998年，第8章。
15) 北恵那鉄道資料「第49回定時株主総会議事録」
16)「陳情書」(1946年6月15日付)
17)「陳情書」(1946年6月20日付)
18) 北恵那鉄道資料「準備手続期日呼出状及答弁書催告状　昭和21年7月22日」
19)『日本発送電社史』日本発送電株式会社，1953年，280頁。
20) 同上書。
21)「中外商業新報」1931年11月11日付（神戸大学新聞記事文庫・電気工業（14-198）より）。
22) 生産管理闘争については，さしあたり，三宅明正「戦後危機と経済復興2　生産管理と経営協議会」石井寛治・原朗・武田晴人編『日本経済史4　戦時・戦後期』東京大学出版会，2007年，を参照。
23) 宮本又郎「産業化と会社制度の発展」西川俊作・阿部武司編『日本経済史4　産業化の時代　上』岩波書店，1990年，391頁。

24)「資料提出について」北恵那発第224号，1952年12月12日付，差出人：北恵那鉄道，宛先人：日本興業銀行名古屋支店（「興業銀行関係書類　北恵那鉄道　昭和27年11月」に収録）。
25)「甲種ノ勤労所得ニ属スル俸給其ノ他支払調書」，1943年1月11日付（北恵那鉄道資料「総務官庁関係43　昭和17年12月1日～18年5月31日」に収録）。
26) 和久田康雄『路面電車―ライトレールをめざして―』交通研究協会，1999年。
27) 本間義人『国土計画を考える』中央公論新社，1999年。
28) 吉川洋『20世紀の日本6　高度成長―日本を変えた6000日』読売新聞社，1997年，57～58頁。
29)『朝日新聞（夕刊）』（大阪版），1960年10月6日付。
30) 前掲25)，4頁。
31) 前掲25)，5頁。
32)『岐阜日日新聞（朝刊）』1961年2月9日付。
33)『中日新聞（朝刊）』1968年9月23日付。
34) 進藤兵「革新自治体」渡辺治編『日本の時代史27　高度成長と企業社会』吉川弘文館，2004年，224頁。
35) 丹羽邦男・伊藤克司『岐阜県の百年　県民百年史221』山川出版社，1989年，332～333頁。

終章

　自動車が普及したことで，地方では複数台の所有が当たり前となっており，1家族1台ではなく一人1台の状況にある。とりわけ地方ではマイカーが足代わりとなっている。このような変化の前に，地方公共交通は「地域住民の足」という旧態依然の存続理由をかかげていることで，実態との乖離が目立つようになっている。ならば沿線周辺の観光地をてこ入れしても，外部からのアクセス手段はマイカーであって，公共交通を利用するわけではない。

　本書において地方鉄道の歴史を振り返ったとき，存続の危機は決して今に始まったことではなかった。いつの時代にも，開業当初からも存続が危ぶまれたものさえあった。しかし，それが存続できたのには次のような理由があった。鉄道会社が路線網拡張や多角化によって赤字路線を他の路線や事業により埋め合わせるという経営努力をおこなったからである。それが功を奏さなかった場合には，利用者（運賃），ないしは事業者以外の負担を強いることとなった。

　政府補助はその一つの方法である。補助金は巨額にのぼる鉄道建設費の負担を軽減する役割を担い，鉄道建設を促進した。しかし，建設費に対する利益の少なさを補助したことで赤字補てんの意味合いも担い，鉄道会社による黒字化のための努力を阻害した面もあった。地域住民が地方鉄道の建設費を負担した時代もあった。孤立する地方の危機を前に，地方の首長らが音頭をとって，地域活性化の一助として鉄道建設を企図し，地域住民らに出資を募ったのであった。

　結局，地方公共交通が維持・存続できたのは，利用者負担でないとすれば，誰かが代わって費用を負担してきたからに他ならない。いま地方公共交通が直面する問題は利用者が少なくなったことよりも，むしろ代わりに費用を負担する者がいなくなったということであろう。広域路線網や多角化事業はそもそも

赤字路線を支えるためではない。赤字路線から出発した経緯では必然的にそうなったのであって、赤字路線をかかえる余裕がなくなれば事業者は費用を負担しなくなる。あるいは、今日のように政府が財政均衡化をはかろうとすれば、増え続ける歳出を、少ない歳入で賄うためには、補助金をカットせざるを得なくなる。利用の少ない公共交通はその格好のターゲットとなる。政府補助にも限界がある。それでは地域住民が出資をすることがいまの時代に可能だろうか。地域住民は地域にある公共交通にどれだけ関心をもっているだろうか。その関心の希薄化が地方公共交通の存続にかかわっているように思われる。

　公共交通の維持・存続には経営努力によって利用者が増えることが望ましい。しかし、利用者負担が難しい地方公共交通を維持・存続させるためには、新たに費用を負担する者を見つけるか、ないしは負担する仕組みをつくることにある。これさえも難しいとなれば、維持・存続は不可能となる。あえて維持・存続させる必要がないのかもしれない。

　自治体や地元企業が地方鉄道に出資するといったケースがある。それは新たに費用を負担する者か、ないしは負担する仕組みとなっているだろうか。単純な赤字補填は事業者の経営努力を損なわせる。一時しのぎであっては費用を負担する者にも限界が生じる。必要なことは補助をする理由が地域住民に明示され、彼らの利益にかなうものでなければならない。すなわち、鉄道の存在意義が問われなければならない。地域住民は鉄道を存続させたいと思っているのか。なぜ存続させたいのか。「地域住民の足」という旧態依然の答えとは異なる新たな時代の新たな役割が示せれば、永続的に政府によって費用が負担されることになるであろう。

　都市に移住するよりも、生まれ育った田舎で将来も暮らしたいと考える若者はいる。田舎の風景を好む者は大勢いる。そのような地域の魅力をすべて含めて地域資源とすれば、地域資源の保全に身銭を切って出資するくらいでなければ、地域は維持できなくなってきている。そうしたとき地方鉄道建設の時代に生きた地域住民らに現代が学ぶべき点は決して少なくはない。昨今では公共事

業にも効率性がもとめられ，コスト・ベネフィット（費用対効果）の分析に魅力が傾注している。それ自体を否定するつもりはないが，歴史を無視しては取り返しのつかない事態をまねくこともある。いま一度歴史を振り返って，長期的な視点で将来を見つめなければならない。

補論1 「地域住民の足の確保」として存続する第三セクター鉄道
—明知鉄道の事例—

　政府が鉄道存続のために補助をおこなうのは，鉄道が「地域住民の足の確保」のために役立っているからと理解されている。ところが，利用者が少ない鉄道が，実際にはどれほどの地域住民の足となっていると言えるのだろうか。「地域住民の足の確保」を理由として存続させることは正しいのだろうか。これまでの歴史分析から得られた結果を，現存する明知鉄道を事例としてあてはめてみたい。

　現在のJR中央本線名古屋～中津川間は，1892（明治25）年公布の鉄道敷設法にもとづき，1894年に官設鉄道の中央本線が西筑摩線をルートとして建設されることとなり，1902（明治35）年12月に中津駅（1911年6月より中津川駅）を開業するに至った。同線の建設に際しては，現在の土岐川沿いのルートではなく，東濃の陶磁器産地の南部を縦断する名古屋～瀬戸～笠原～下石～駄知～明知～大井というルートも比較線として検討されていた。しかし，勾配の緩やかさとトンネルの数と長さを考え，現在のルートが採択された。中央本線のルートから外れた陶磁器生産地では，製陶業者や陶磁器商らが中心となり，中央線とむすぶ鉄道建設が企図されることとなった。1911（明治44）年から1929（昭和4）年までの間に6鉄道7件の民営鉄道の計画があった[1]。このうち実現したものとして，1924年に新土岐津～東駄知間が開業した駄知鉄道，1928年に多治見～笠原間が開業した笠原鉄道，さらに現在の明知鉄道の前身となる国鉄明知線が1934年に明知までの路線を全通させている。しかし，これらよりも早くに実現した民営鉄道として岩村電気軌道がある。岩村電気軌道は1903（明治36）年6月に設立され，1906（明治39）年12月に大井～岩村間（12.6km）を開業した岐阜県で最初の民営鉄道である。地元の名士（酒造業と庄屋を兼ねる）浅見與一右衛門が多額の私財をなげうって建設したとされる。

1922（大正11）年4月に公布された改正鉄道敷設法では全国に149の路線を敷設することが計画されたが，そのなかの「予定線63号」は「静岡県掛川より二俣，愛知県大野，浦川，武節を経て岐阜県大井に至る鉄道及大野付近より分岐して愛知県長篠に至る鉄道並に浦川付近より分岐して静岡県佐久間付近に至る鉄道」と記されていた。これにより，1933（昭和8）年5月に大井〜阿木間が開通，翌34年1月には岩村，同年6月に明知まで全通し，国鉄明知線として開業し，現在の明知鉄道の路線が完成された。その際，これと並行する岩村電気軌道の路線は地方鉄道法にもとづき営業廃止にともなう損失を政府が補償することとなり，1935（昭和10）年1月に廃止となった[2]。

第1章の統計データから国鉄明知線の輸送状況を確認する。前掲図表1-3の1955年度の1km当たり乗車人員は，岐阜県内で最低の2万9千人であった。接続する県内の中央線の17万4千人と比べるとその差は6倍である。この乗車人員の少なさは，沿線にあたる地域（恵那市，恵那郡阿木村，同郡岩村町，同郡山岡町，同郡明智町）の人口密度（前掲図表1-6）の低さに起因するものと思われる。

国鉄明知線は1968年には「赤字83線」の一つとして早くも廃止が提言された。1980年の日本国有鉄道経営再建促進特別措置法（国鉄再建法）によって，翌81年に廃止対象路線とされた。1985年に廃止となり，官民出資による第三セクター方式の明知鉄道として引き継がれることとなった。

図表補1-1は第三セクター移行後の明知鉄道の経営成績である。これを見ると，鉄道業の営業収支を営業係数にあらわすと，100を下回ったことはなく，鉄道事業そのものは移行以来赤字であった。経常収支も赤字続きであるが，当期利益に至ってはいくらか黒字となっている。当期利益がいくらか黒字になったのは，特別利益に含まれる補助金や基金によるものである。補助金の主なものには，岐阜県鉄道輸送高度化事業費補助金や岐阜県地方鉄道再生計画支援事業費補助金がある。いずれも鉄道の保守を目的として補助される。そのほかにも沿線自治体からの補助がある。また，基金は，欠損補填や鉄道施設更新補助等を

補論1 「地域住民の足の確保」として存続する第三セクター鉄道

図表補1-1 明知鉄道の経営成績

(年度)	輸送人員	営業収入	営業支出	営業利益	営業係数	経常利益	特別利益	当期利益	基金	基金増減
1985	336,739	74,845	88,292	▲13,447	118	▲14,273	919,199	▲11,553	204,738	
1986	895,959	183,114	201,706	▲18,592	110	▲15,048	14,272	▲1,784	210,902	6,164
1987	868,778	172,088	188,109	▲16,021	109	▲11,083	21,276	3,210	213,574	2,672
1988	862,025	167,456	178,657	▲11,201	107	▲6,811	12,336	▲1,195	325,723	112,149
1989	856,918	163,033	204,295	▲41,262	125	▲60,110	77,050	▲45,259	275,156	▲50,567
1990	837,868	161,488	189,704	▲28,216	117	▲5,520	136,637	39,571	286,951	11,795
1991	830,600	163,216	183,838	▲20,622	113	▲1,548	28,170	5,812	301,914	14,963
1992	806,229	158,766	179,516	▲20,750	113	650	20,389	8,187	308,734	6,820
1993	778,980	155,813	180,786	▲24,973	116	▲6,121	39,909	1,693	311,454	2,720
1994	763,227	152,825	171,493	▲18,668	112	▲12,053	48,994	1,373	303,718	▲7,736
1995	710,031	141,189	167,629	▲26,440	119	▲21,958	38,315	▲2,909	289,519	▲14,199
1996	688,883	137,392	166,664	▲29,272	121	▲25,346	46,483	1,047	264,453	▲25,066
1997	637,519	127,617	161,442	▲33,825	127	▲27,017	129,741	1,651	208,825	▲55,628
1998	637,911	127,188	159,225	▲32,037	125	▲23,994	206,122	530	127,726	▲81,099
1999	616,715	139,524	152,604	▲13,080	109	▲7,297	195,359	95	63,141	▲64,585
2000	598,420	137,264	161,313	▲24,049	118	▲11,067	49,938	1,414	41,278	▲21,863
2001	598,489	137,131	157,061	▲19,930	115	▲9,120	11,000	1,234	33,294	▲7,984
2002	568,559	125,542	156,927	▲31,385	125	▲24,157	48,919	▲10,567	9,962	▲23,332
2003	540,150	117,655	146,031	▲28,376	124	▲20,886	100,094	996	0	▲9,962
2004	473,367	103,506	136,814	▲33,308	132	▲28,760	129,692	▲4,742	0	—
2005	466,622	98,026	156,478	▲58,452	160	▲50,584	169,720	▲10,794	0	—
2006	412,362	92,816	160,004	▲67,188	172	▲60,567	150,097	▲10,737	0	—
2007	422,965	97,343	155,888	▲58,545	160	▲51,676	138,480	8,635	0	—
2008	466,073	111,308	170,350	▲59,042	153	▲50,573	133,260	7,549	0	—
2009	426,334	107,166	182,394	▲75,241	170	▲56,628	114,797	5,037	0	—
2010	439,954	107,003	212,805	▲105,802	199	▲83,402	61,999	▲21,693	0	—
2011	444,574	107,876	220,245	▲112,369	204	▲77,261	145,782	21,932	0	—

出所)『岐阜県第三セクター鉄道の概要』岐阜県第三セクター鉄道連絡会議, 2012年。

目的としたものであり，第三セクター移行時において，日本国有鉄道から交付された転換交付金のほか，地元自治体等が負担した。しかし，基金は2003年度に枯渇した。営業係数に改善が見られないばかりか，むしろ悪化の傾向にあり，自治体が主となる補助金や基金によって存続され，その傾向がますます強くなっている[3]。

国鉄明知線から第三セクター明知鉄道に移行された際に，存続が選択された理由として次のように説明されている。鉄道存続の理由の一つに「地域住民の足の確保」があげられている。明知鉄道を通学に利用する高校生（1日700人）

にとって欠くことができない。その他にも道路の凍結対策としての代替輸送手段，鉄道の果たす地域振興への役割があげられる。自治体や地元企業の協力も得られれば鉄道経営は十分に成り立ち，沿線市町村が旅客の輸送量確保に積極的に協力することで鉄道存続が選択された[4]。他方で，恩田・小緑（2013年）は国鉄明知線の第三セクター転換という1981年から1985年の出来事について，国鉄明知線の存廃をめぐって沿線地域の住民がこれをどのように認識していたのかを分析している。存続をのぞむ声があるなかでも実際の鉄道利用が増えなかったこと，モータリゼーション化がすすむなかで鉄道の存続よりも道路整備を優先する方が現実的にとらえられていたこと，が指摘されている[5]。

　第三セクター移行後の営業成績を見れば一目瞭然であり，鉄道経営が十分に成り立っているとは言えない。改正鉄道敷設法によれば，国鉄明知線は静岡まで通じる鉄道が予定されていたが，この実現には至らなかった。沿線地域に密着した輸送需要であることに変わりがないとすれば，厳しい経営状況はいまに始まったことではない。それに加えて，過疎化による沿線地域人口の減少，少子化・高齢化がさらなる困難をまねいた。

　自治体が「地域住民の足の確保」を理由として公共財への補助をおこなうのは適当である。しかし，公共財は多くの人々に有益なものでなければならないが，対象となる人々が少なすぎる。例えば，利用者数は沿線の近隣市町村の人口に比べればわずかな割合に過ぎない。「地域住民の足の確保」を存続理由にあげるには実需がともなっていない。少ないからといって単純に切り捨てるわけにはいかず，公共財として補助するのであれば，それが多くの人々の利益とならなければならない。鉄道の役割を「地域住民の足の確保」にこだわらず，多くの人々の利益となるような新たな役割を考えても良い。地方鉄道と沿線の景観を好む人々がいる。日本の原風景を好む人々は多いであろう。景観保護の一環として補助するのも一考であろう。

　しかし，補助は持続性を支援するものでなければならない。一過性のもの，赤字を補填するものであっては，一時的な救済に甘じて自助努力を損なう恐

補論1 「地域住民の足の確保」として存続する第三セクター鉄道

図表補1-2 利用交通機関別観光客数

			計	公共交通機関		貸切バス		自家用車		その他	
			人	人	%	人	%	人	%	人	%
1975年度	岐阜	伊奈波	6,761	2,218	32.8	2,383	35.2	1,747	25.8	413	6.1
		本巣	43	4	9.3	27	62.8	11	25.6	1	2.3
		山県	43	9	20.9	4	9.3	30	69.8		0.0
	西濃	西南濃	4,348	639	14.7	996	22.9	2,416	55.6	297	6.8
		揖斐	1,369	377	27.5	173	12.6	772	56.4	47	3.4
	中濃	武儀	1,379	184	13.3	114	8.3	931	67.5	150	10.9
	奥美濃	郡上	1,889	261	13.8	364	19.3	1,236	65.4	28	1.5
	可茂	可茂	1,425	281	19.7	496	34.8	582	40.8	66	4.6
	美濃焼産業	土岐	1,454	199	13.7	179	12.3	990	68.1	86	5.9
	中津川・恵那	恵那	2,720	548	20.1	798	29.3	1,298	47.7	76	2.8
	飛騨	益田	1,532	554	36.2	600	39.2	339	22.1	39	2.5
		飛騨	5,503	1,510	27.4	1,281	23.3	2,552	46.4	160	2.9
	全域計		28,466	6,784	23.8	7,415	26.0	12,904	45.3	1,363	4.8
1985年度	岐阜	伊奈波	10,130	3,436	33.9	2,839	28.0	3,120	30.8	745	7.4
		本巣	196	29	14.8	30	15.3	137	69.9		0.0
		山県	88	5	5.7	10	11.4	68	77.3	5	5.7
	西濃	西南濃	7,737	400	5.2	2,365	30.6	4,831	62.4	141	1.8
		揖斐	2,057	457	22.2	204	9.9	1,337	65.0	59	2.9
	中濃	武儀	2,195	304	13.8	226	10.3	1,499	68.3	166	7.6
	奥美濃	郡上	3,009	190	6.3	573	19.0	2,162	71.9	84	2.8
	可茂	可茂	1,125	157	14.0	324	28.8	627	55.7	17	1.5
	美濃焼産業	土岐	1,907	449	23.5	175	9.2	1,146	60.1	137	7.2
	中津川・恵那	恵那	3,413	441	12.9	1,303	38.2	1,592	46.6	107	3.1
	飛騨	益田	1,803	479	26.6	640	35.5	646	35.8	38	2.1
		飛騨	6,797	1,304	19.2	1,719	25.3	3,626	53.3	148	2.2
	全域計		40,457	7,611	18.8	10,408	25.7	20,791	51.4	1,647	4.1
1995年度	岐阜	伊奈波	11,618	4,734	40.7	1,650	14.2	4,406	37.9	828	7.1
		本巣	570	86	15.1	58	10.2	411	72.1	15	2.6
		山県	236	9	3.8	15	6.4	209	88.6	3	1.3
	西濃	西南濃	8,689	1,058	12.2	955	11.0	6,526	75.1	150	1.7
		揖斐	2,640	476	18.0	220	8.3	1,867	70.7	77	2.9
	中濃	武儀	2,687	208	7.7	220	8.2	1,990	74.1	269	10.0
	奥美濃	郡上	4,911	190	3.9	901	18.3	3,761	76.6	59	1.2
	可茂	可茂	3,494	434	12.4	824	23.6	2,128	60.9	108	3.1
	美濃焼産業	土岐	2,508	498	19.9	271	10.8	1,637	65.3	102	4.1
	中津川・恵那	恵那	5,107	396	7.8	930	18.2	3,739	73.2	42	0.8
	飛騨	益田	2,825	494	17.5	609	21.6	1,716	60.7	6	0.2
		飛騨	8,390	1,100	13.1	1,549	18.5	5,522	65.8	219	2.6
	全域計		53,675	9,683	18.0	8,202	15.3	33,912	63.2	1,878	3.5

出所)『岐阜県統計書』各年版より作成。

れがある。ただし，自助努力の方法として，かつておこなわれてきたような沿線観光開発が鉄道利用促進をもたらすというビジネスモデルは成り立たなくなっている。図表補1-2によると，1975年度から1995年度にかけて，恵那地域における観光客の公共交通機関の利用は20％から8％に減少した。同期間において自家用車の利用は48％から73％に増加しており[6]，観光客の公共交通機関から貸切バス，自家用車への転換から難しくなっている。鉄道が目的地に行くための手段ではなく，鉄道に乗ること自体を目的化しなければならない。

　それでは以上のことについて，地域住民は地方鉄道にどれほど関心をもっているだろうか。地域住民らは短期的な利益の有無から結論を下すことなく，長期的な視点で議論し，維持・存続の必要性，ならびにそのための費用負担の方法を考えなければならない。

注 ────
1）青木栄一「解題『駄知鉄道史』」野田正穂・原田勝正・青木栄一編『大正期鉄道史資料〈第2集〉国有・民営鉄道史　第16巻　駄知鉄道史』日本経済評論社，1983年。
2）永田宏『淺見與一右衛門翁と「岩村電車」』岐阜県恵那郡岩村町，1997年，63頁。
3）『岐阜県第三セクター鉄道の概要』岐阜県第三セクター鉄道連絡会議，2012年。『転換鉄道等に係わる調査資料』明知鉄道株式会社，2012年。
4）『岐阜県第三セクター鉄道の概要』岐阜県第三セクター鉄道連絡会議，2012年。
5）恩田睦・小緑一平「国鉄明知線の第3セクター転換」篠崎尚夫編著『鉄道と地域の社会経済史』日本経済評論社，2013年。
6）『岐阜県統計書』1975年，1995年版。

補論 2

出産・育児問題を解く
―長期の費用負担の仕組みへ―

　地方鉄道を事例とした分析において，その維持・存続のためには「誰が費用を負担するのか」という問題に対して，政府補助の可能性についても言及した。しかし，政府補助は二つの点で限界，ないしは問題がある。一つは政府収支の点である。積極的な補助をおこなおうとすれば，その財源となる歳入が必要である。税収と債務であるが，これらを増やすことは当然のことながら難しい。一方で歳出の面では，高齢化にともなう医療・社会福祉費の増加によって，これらの支出を優先すれば，他の支出が削られることになろう。政府補助の問題としての二つ目は，政府補助の有無で経営行動が異なるというものであり，補助があるとそれに甘んじて経営努力を怠る可能性がある。経済学ではクラウディング・アウト効果と呼ばれる。積極的な政府補助が財政上困難となるなかで，補助によるクラウディング・アウト効果の発生を回避した方法となれば，政府補助を少なくし，当事者の自助努力による問題解決の道が探られることになる。ただし，政府補助がなくなった後の自助努力（経営努力）が必ずしも良い結果をもたらしたわけではなかったという歴史事実も考慮に入れる必要もある。

　序章で述べたように，本書は中部圏の地方鉄道を事例に分析したものであるが，分析の方法としてはこの事例に限ったことではない。上記に示した自助努力は，政府補助に依存した事業等が維持・存続のために取り組むべき問題解決の一つの方法を示唆するものであると考える。

　少子化の日本は，その要因として女性の晩婚化が合計特殊出生率を低めているとされる。その際に同時に起こりうる問題として高齢出産にともなう新生児への影響である。低体重児や障害をともなうケースが増加しているとされる。そのような新生児を扱うのが，総合周産期母子医療センターにある新生児集中

治療管理室（NICU）と呼ばれる施設である。ある新聞記事によれば，厚生労働省は，周産期施設を整備する都道府県に対して補助金を交付することで，晩婚化にともなう高齢出産の増加を背景にした高いリスクの出産に対応できる体制づくりを急いでいるとされる。NICU は各都道府県に 1 施設以上あり，2014 年度までに NICU の病床数を出生 1 万人当たり 25～30 床に整備することを目標にしている。ところが，現時点で 25 床に届かない県が 19 県ある[1]。このような目標がかかげられるのは NICU の病床数が不足していることのあらわれであり，今後も増え続けるとされる高齢出産による新生児への影響に対処するための施設不足が予想されるからである。

　このような問題に対して国は施設拡充のための補助を増やすことが求められるし，医師不足に対処するためにも助成金を支給する必要がある。この点は，政府補助による問題解決の方法であるが，先述したように，この問題解決の方法には財政という限界があることを考慮に入れなければならない。そのため，NICU の不足に対してとられるもう一つの解決方法が，NICU に長期入院する小児から自宅等への円滑な移行を促すというものである。いわば，小児の親等に自助努力を促すことである。自宅での療育・療養のために親が処置法を学ぶことが良いとされるかもしれないが，親への精神的・肉体的負担の大きさも考慮しなければならない[2]。補助金に頼らず，背水の陣や崖っぷちからの起死回生の力で良い結果が導き出される場合もあろうが，追い詰められて不幸な結果をまねく恐れも十分にある。

　そのような問題に対しては，行動経済学の方法を用いれば，どの程度の補助金であれば良いか，自助努力を促すためのインセンティブ，ないしはコミットメントをどうすれば良いかなどが検討されることになるであろう[3]。

　しかしながら，もう一つの解決策として，自助努力を当事者本人だけの努力にさせないことも必要と考える。「難病・障害児　公立校受け入れ」という新聞記事から紹介しよう[4]。記事によれば，名古屋市教育委員会が看護師らによる医療的ケアが必要な児童生徒が市内の公立小中学校で安全に支援を受けら

れるよう，医師や医療関係者らでつくる検討委員会を立ち上げるとされる。通常であれば，このような場合，保護者が付き添いをしなければならなかったり，看護師の常住する特別支援学校に入学したりする。障害のある児童生徒を特別支援学校に入れるのは，看護師の人員数や配置などから「合理的」であり，健常な児童生徒と障害のある児童生徒を「分ける」ことが「当然」のようにおこなわれてきたように思われる。そのことが，成人になっても障害者とどのように扱えば良いのかという健常者の戸惑いを生んでいるのが現代の社会のような気がする。新聞記事には，「障害がある子と一緒の教室で過ごすと，ほかの子も工夫しながら生活する姿を見て自然と手を貸したり，付き合い方を身に付けることができる」という話がある。まさにこの点が現代社会にある戸惑いを解消するものである。

　一見すれば，「非合理的」な方法であっても，健常者と障害者を「分けない」ことが「当然」となれば，自助努力も当事者本人だけの努力にさせず，社会全体が支え合うことで，自助努力も促されるのではないだろうか。すなわち，当事者へのインセンティブではなく，環境整備こそが必要である。そこに多くの補助が求められる。

　短期の費用負担ではなく，長期の費用負担の方法を考え，その仕組みを構築するために政府は積極的に補助すべきである。

注
1)『日本経済新聞夕刊』2013 年 10 月 24 日付。
2)「幼い命を守れ」，NHK『クローズアップ現代』2013 年 5 月 28 日放送。
3) イアン・エアーズ著，山形浩生訳『ヤル気の科学　行動経済学が教える成功の秘訣』文藝春秋，2012 年。
4)『中日新聞』2013 年 11 月 16 日付。

あとがき

　あとがきに際して，愛知学院大学・同大学大学院（修士）の指導教官であった井上忠勝先生と，大阪大学大学院（博士）の指導教官であった宮本又郎先生にまずはお礼を申し上げたい。ただし，井上先生は2002年に亡くなられた。私が夙川学院短期大学において生活経済学の非常勤を受け持つことが決まり，初めて教壇に立つことを先生にご報告する直前に亡くなられたことで大変悔しい思いをしたことを今も覚えている。また，今回の書籍は北恵那鉄道に関する一次資料がなければ実現することはなく，この資料に導いていただいた清水武氏（当時，北恵那交通社長）と，資料調査段階でお世話になった塚本滋氏（当時，北恵那交通）にも感謝申し上げる。

　さらに，学会活動を通じて，鉄道史へと私を導いてくださった立教大学の老川慶喜先生にもお礼を申し上げたい。

　出版に際しては，諏訪東京理科大学の吉沢正広先生にお世話になった。吉沢先生には仕事の面ではたびたびご相談させていただき，さまざまな有益な教示をいただいている。不出来な後輩で，ご迷惑をかけっぱなしであることを心よりお詫び申し上げたい。

　今回の書籍に至った節目でお世話になった方々を以上に申し上げたが，私はこれまでの人生のなかでかかわったすべての方々からの影響を受け，今日に至っていると考えている。お名前を列記することはできないが，感謝申し上げる。

　当書は，第2章第1節で，「『電力王』福澤桃介の鉄道事業 ―鉄道国有化後における地方鉄道の企業者活動」（愛知東邦大学地域創造研究所編『中部における福澤桃介らの事業とその時代』唯学書房，2012年），第3章第2節で，「利害関係構造から見た地方鉄道の維持・存続―戦前期の北恵那鉄道―」（『鉄道史学』第27号，2010年），第4章第2節で「地域の社会資本整備―高度成長期における路面電車廃止論議をめぐって―」（『中京学院大学研究紀要』第14巻1号2号合併号，

2007年)の既論文に加筆修正をおこなった他は，これまでの学会報告や市民講座等での内容にもとづいて書き下ろしたものとなっている。かつて，一冊の書籍にまとめることの重要さを先輩諸氏から聞いたことがあったが，いざまとめてみると，自身の研究者としての考えをまとめるという意味で重要な作業であったと感じている。したがって，これが研究者としてのようやく出発点であるような気がしている。補論は，そのような意味を含めた取り組むべき課題とした。

そして，私事にわたることをお許し願いたい。母はこれまでに何度も大病を患い，父もその都度の看病に苦労してきたことであろう。それなのに人よりも随分と長い学生生活を送ってしまった私を支えてくれたことに感謝したい。また，妻涼子にもその苦労の一端を背負わせてしまった。まだまだ苦労のかけっぱなしではあるが，それでも支えてくれていることに感謝しなければならない。

今は二人の子どもによる精神的支えがあるが，長男越は幼くして亡くなってしまった。本書の補論2は，越を通じて経験したNICUでのことが根底にある。したがって，越も私を支えてくれたことに他ならない。私がすべての方々からの影響を受け本書に至ったと先に申し上げたのは，すべての人からの支えによると感じているからである。ここに改めてお礼を申し上げる。

最後に，書籍の刊行にあたり，出版を快く引き受けていただいた，学文社代表取締役社長の田中千津子氏にお礼を申し上げる。当方の事情で作業に急を要し，ご面倒をかけてしまったことは大変申し訳なく思っている。

なお，本書は，平成25年度中京学院大学出版助成による出版助成金を受けた。

2014年満開の桜の日に

関 谷 次 博

参考文献

《研究書（読み物も含む）》

青木栄一「解題『駄知鉄道史』」野田正穂・原田勝正・青木栄一編『大正期鉄道史資料〈第2集〉国有・民営鉄道史　第16巻　駄知鉄道史』日本経済評論社，1983年

青木栄一編『日本の地方民鉄と地域社会』古今書院，2006年

石井里枝『戦前期日本の地方企業―地域における産業化と近代経営―』日本経済評論社，2013年

伊藤善市「日本経済における補助金の役割」中山伊知朗編『日本経済の構造分析（下）』東洋経済新報社，1954年

井堀利宏『誰から取り，誰に与えるか』東洋経済新報社，2009年

上山信一『公共経営の再構築―大阪から日本を変える―』日経BP社，2012年

宇沢弘文『自動車の社会的費用』岩波書店，1974年

クリスティアン・ウォルマー（安原和見・須川綾子訳）『世界鉄道史―血と鉄と金の世界変革―』河出書房新社，2012年

大川一司編，江見康一・塩野谷祐一『長期経済統計7・財政支出』東洋経済新報社，1966年

大島一朗『谷汲線　その歴史とレール』岐阜新聞社，2005年

笠井雅直「湯の山温泉と四日市鉄道―戦前における地域開発の担い手と運動に関する事例研究―」『名古屋学院大学論集（社会科学篇）』第43巻3号，2007年

清水武『RM LIBRARY 129 名鉄岐阜線の電車―美濃電の終焉―（上）』ネコ・パブリッシング，2010年

城山三郎『創意に生きる・中京財界史』文藝春秋，1994年

進藤兵「革新自治体」渡辺治編『日本の時代史27　高度成長と企業社会』吉川弘文館，2004年

武知京三『近代日本と地域交通―伊勢電と大軌系（近鉄）資本の動向―』臨川書店，1994年

中村尚史『日本鉄道業の形成―1869～1894年―』日本経済評論社，1998年

中村尚史『地方からの産業革命―日本における企業勃興の原動力―』名古屋大学出版会，2010年

永田宏『淺見與一右衛門翁と「岩村電車」』岐阜県恵那郡岩村町，1997年

長妻廣至『補助金の社会史―近代日本における成立過程―』人文書院，2001年

南條隆・粕谷誠「株式分割払込制度と企業金融，設備投資の関係について―1930年初において株式追加払込が果たした役割を中心に―」『IMES Discussion Paper Series』（No. 2007-J-20）日本銀行金融研究所，2007年

野田正穂『日本証券市場成立史―明治期の鉄道と株式会社金融』有斐閣，1980年

林董一『名古屋商人史』中部経済新聞社，1966年
本間義人『国土計画を考える』中央公論新社，1999年
松下孝昭『近代日本の社会と交通　第10巻　鉄道建設と地方政治』日本経済評論社，2005年
松下孝昭『近代日本の鉄道政策―1890～1922年―』日本経済評論社，2004年
N・グレゴリー・マンキュー（足立英之・石川城太・小川英治・地主敏樹・中馬宏之・柳川隆訳）『マンキュー経済学1・ミクロ編』（第2版）東洋経済新報社，2005年
三木理史『近代日本の地域交通体系』大明堂，1999年
三宅明正「戦後危機と経済復興2　生産管理と経営協議会」石井寛治・原朗・武田晴人編『日本経済史4　戦時・戦後期』東京大学出版会，2007年
宮本又郎「産業化と会社制度の発展」西川俊作・阿部武司編『日本経済史4　産業化の時代　上』岩波書店，1990年
山内弘隆・竹内健蔵『交通経済学』有斐閣，2002年
吉川洋『20世紀の日本6　高度成長―日本を変えた6000日』読売新聞社，1997年
和久田康雄『日本の私鉄』岩波書店，1981年
和久田康雄『路面電車―ライトレールをめざして―』交通研究協会，1999年
和田一夫・小早川洋一・塩見治人「大正7年時点の中京財界における重役兼任―『日本全国諸会社役員録』（大正7年版）の分析―」『南山経営研究』第8巻第1号，1993年

《伝記》
福沢桃介『福沢桃介の人間学』五月書房，1984年
小林橘川『藍川清成伝』藍川清成伝刊行会，1953年
尾崎久彌編「下出民義自傳」『東邦学園五十年史』別冊，1978年
太田光熙『電鉄生活三十年』太田光熙，1938年

《社史・事業史》
京阪電気鉄道株式会社史料編纂委員会編『鉄路五十年』京阪電気鉄道株式会社，1960年
大同製鋼編『大同製鋼50年史』大同製鋼，1967年
中部電力電気事業史編纂委員会編『中部地方電気事業史・上巻』中部電力，1995年
名古屋鉄道（株）広報宣伝部編『名古屋鉄道百年史』名古屋鉄道株式会社，1994年
『日本国有鉄道百年史・第3巻』日本国有鉄道，1971年
『日本国有鉄道百年史・第5巻』日本国有鉄道，1972年
『日本国有鉄道百年史・第7巻』日本国有鉄道，1971年

『日本発送電社史』日本発送電株式会社，1953 年
大同電力株式会社社史編纂事務所編『大同電力株式会社沿革史』1941 年

《地方史誌》
菰野町教育委員会編『菰野町史（下巻）』三重県三重郡菰野町，1997 年
丹羽邦男・伊藤克司『岐阜県の百年　県民百年史221』山川出版社，1989 年

《新聞》
『朝日新聞』（大阪版）
『岐阜日日新聞』
『中外商業新報』
『中日新聞』
『日本経済新聞』

《調査資料》
『岐阜県第三セクター鉄道の概要』岐阜県第三セクター鉄道連絡会議，2012 年
『転換鉄道等に係わる調査資料』明知鉄道株式会社，2012 年

《統計書》
『愛知県統計年鑑』
『岐阜県統計書』

索　引

あ

藍川清成　27
愛知馬車鉄道　23
愛知電気鉄道　21-38, 59
愛知電力　38
浅見與一右衛門　113
渥美電鉄　38
安東敏之　27

い

飯田線　8
伊勢電気鉄道　33, 38, 59
一宮電気鉄道　23
伊藤由太郎　27
伊那電気鉄道　38
井深基義　27
岩田作兵衛　22, 27, 36
岩村電気軌道　113, 114

え

越美南線　8
遠州電気鉄道　38

お

大井川鉄道　38, 48, 59
大井水力発電所　64
大阪電気軌道　33, 43
太多線　8
太田光煕　26, 31
尾三鉄道　23, 28
尾張電車鉄道　23
おんたけ交通　48

か

改正鉄道敷設法　63, 65, 78, 114, 116
外部補助　4
各務原鉄道　25
笠原鉄道　47, 113

葛生曄　28
兼松煕　27
可変費用　12
関西線　8
関西電気　25

き

木曽電気興業　25, 30, 31
木曽電気製鉄　25, 30, 32
北恵那　1
北恵那鉄道　12, 13, 38, 43, 47-49, 59, 62, 69, 73-75, 77-93
北勢鉄道　38
岐北軽便鉄道　24
京都電気鉄道　29

け

京阪電気鉄道　26, 30-33
軽便鉄道補助法　57, 58, 80
軽便鉄道法　23, 78

こ

公共財　2, 5
固定費用　12

さ

才賀商会　24
才賀藤吉　24
坂勘一　27
櫻井督三　88
参宮急行電鉄　33, 38, 43
三信鉄道　38

し

静岡電気鉄道　38
私設鉄道法　57
志摩電気鉄道　38, 59
島甲子二　28
下出民義　27

受益者　2-4, 94
助成金　3
新京阪鉄道　32
新生児集中治療室（NICU）　5, 119

せ

正の外部性　3, 56
瀬戸電気鉄道　38

そ

損益分岐点　12, 13, 14

た

第三セクター　5, 114-116
大同電力　25, 26, 31-33, 41, 63, 64, 78, 83, 89
多角化　4, 50
高山線　9, 67
田口鉄道　38
竹鼻鉄道　24
ただ乗り　2, 3
駄知鉄道　47, 113
田中新七　22, 28
谷汲鉄道　25, 38, 41, 42

ち

地域独占　76
知多電気鉄道　22
地方鉄道法　78, 114
地方鉄道補助法　55, 57, 58, 63, 69, 75, 78, 116
中央線　8, 9, 15, 113, 114
中央本線　65, 113

て

鉄道国有法　57
鉄道敷設法　77, 78, 113

と

東海道線　8
東海道電気鉄道　23, 25, 26, 27, 28, 32
東海道本線　22

東濃交通　45, 47, 48
東備鉄道　41, 49
東美鉄道　38, 40, 41, 42, 43
富田重助　29
豊川鉄道　38
豊橋電気鉄道　38

な

内部補助　4, 50
長良軽便鉄道　24
名岐鉄道　30, 34, 34, 35, 43
名古屋電気鉄道　23, 28, 29
名古屋急行電気鉄道　32
名古屋鉄道　21-4, 29, 33, 34, 38, 40, 41, 46, 62, 64
名古屋電燈　25, 27, 29, 30, 63
名古屋本線　21

に

西尾鉄道　38
日本国有鉄道経営再建促進特別措置法　116
日本電力　63
日本発送電　84, 87-91

の

濃飛乗合自動車　48
濃尾電気鉄道　43

は

間孔太郎　92
間鶴助　66
発送電興業　88
浜松鉄道　38
林謙吉郎　31
阪急電鉄　43

ひ

非競合性　2
非排他性　2

索　引

ふ
福沢桃介　23, 25, 27, 28, 29, 31, 32, 40, 41, 64, 66
武豊線　8
フリーライダー　2
古島安二　28

へ
碧海電気鉄道　38

ほ
鳳来寺鉄道　38, 59
補助金　3, 22, 55-59, 62, 63, 69, 74, 84, 109, 112, 116, 122

ま
松永安左ヱ門　27, 28

み
三重鉄道　38, 42
三河鉄道　38
三岐鉄道　38
美濃鉄道　24
美濃電気軌道　21, 24-26, 28, 29, 31, 33, 34, 40, 41
三輪市太郎　23

む
村瀬末一　87, 88, 90

め
名岐鉄道　46
明知線　8, 15, 114-116
明知鉄道　5, 115
名鉄　47, 48, 102
名鉄名古屋本線　23, 30

や
矢田〆治　92
山田芳市　46

ゆ
湯の山温泉　42, 43

よ
養老鉄道　59
四日市鉄道　42

り
旅客依存度　13

ろ
路面電車　94-105

著者紹介

関谷　次博（せきや・つぎひろ）

　　　　　1973（昭和48）年生まれ
　　　　　大阪大学大学院経済学研究科博士後期課程修了
　　　　　博士（経済学）
現　　在　中京学院大学経営学部教授
専　　門　日本経済史・経営史
主な業績
- ・「運輸業の成立と展開」（吉沢正広編『歴史に学ぶ経営学』学文社，2013年）
- ・「近代における小運送問題解消と物流の発展」（廣田誠編『近代日本の交通と流通・市場』清文堂出版，2011年）
- ・「利害関係構造から見た地方鉄道の維持・存続―戦前期の北恵那鉄道―」（『鉄道史学』第27号，2010年）

費用負担の経済学―地方公共交通の歴史分析―

2014年6月20日　第一版第一刷発行

　　　　　　　　　　　　　　著　者　関谷　次博

発行者　田中　千津子　　〒153-0064　東京都目黒区下目黒3-6-1
　　　　　　　　　　　　電話　03（3715）1501 代
発行所　㈱学文社　　　　FAX 03（3715）2012
　　　　　　　　　　　　http://www.gakubunsha.com

Ⓒ SEKIYA Tsugihiro 2014, Printed in Japan
乱丁・落丁の場合は本社でお取替えします。　　　印刷　新灯印刷㈱
定価は売上カード，カバーに表示．

ISBN978-4-7620-2464-1